W0250454

David Clarke

Englisch

Grammatik

POCKET TEACHER

Cornelsen
Power Learning

Der Autor:
David Clarke ist Brite. Nach langjähriger Tätigkeit als Englischlehrer an deutschen Gymnasien arbeitet er jetzt als Schulbuchautor. Er ist Autor zahlreicher Lehrwerke und Übungsprogramme.

Für die 6. Auflage wurde der vorliegende Band aktualisiert und erweitert.

Cornelsen online http://www.cornelsen.de

Bibliografische Information: Die Deutsche Bibliothek verzeichnet diese Publikation in der Deutschen Nationalbibliografie; detaillierte bibliografische Daten sind im Internet über http://dnb.ddb.de abrufbar.

Dieses Werk berücksichtigt die Regeln der reformierten Rechtschreibung und Zeichensetzung.

9. 9. 8. 7. Die letzten Ziffern bezeichnen
09 08 07 06 Zahl und Jahr der Auflage.

Redaktion: Heike Friauf, Berlin
Satz und Herstellung: THH, Frankfurt am Main
Reihengestaltung: Julia Walch, Bad Soden; Magdalene Krumbeck, Wuppertal
Umschlagentwurf: Bauer + Möhring, Berlin; Rainer J. Fischer, Berlin
Druck und Bindearbeiten: Clausen & Bosse, Leck
Printed in Germany
ISBN-13: 978-3-589-22100-4
ISBN-10: 3-589-22100-3

Gedruckt auf säurefreiem Papier,
umweltschonend hergestellt aus chlorfrei gebleichten Faserstoffen.

Inhalt

Vorwort

Liebe Schülerinnen, liebe Schüler!

Der handliche POCKET TEACHER bringt euch viele Vorteile:
Er informiert knapp und genau. Regeln, Erklärungen, Beispiele, Tabellen – alles ist übersichtlich geordnet und leicht verständlich.

„Augen auf!" – das Symbol weist euch auf Fehlerquellen und Denkfallen hin.
Ihr könnt die gewünschten Infos am schnellsten über das Stichwortverzeichnis am Ende jedes Bandes finden. – Stichwort vergessen? Dann schaut ihr am besten ins Inhaltsverzeichnis und sucht im entsprechenden Kapitel nach dem Wort.
Im Text eurer POCKET TEACHER findet ihr viele farbige Pfeile. Diese verweisen auf andere Stellen im Buch.

Beispiel: ↗ Die regelmäßige Pluralbildung S. 10. Das heißt, dass wichtige Informationen unter der Überschrift „Die regelmäßige Pluralbildung" ab Seite 10 zu finden sind.

Der POCKET TEACHER Englisch: Grammatik ist nicht nur ein Helfer bei allen wichtigen Fragen zur englischen Grammatik, die in der Sekundarstufe I auftauchen können. Er bietet auch viele Hinweise und Beispiele zum alltäglichen englischen Sprachgebrauch. Außerdem wird immer wieder auf typische Fehler hingewiesen, die deutschsprachigen Schülerinnen und Schülern unterlaufen können.

Beachte: Natürlich kann die POCKET-TEACHER-Reihe ausführliche Schulbücher mit Übungen und Beispielen nicht ersetzen. Das soll sie auch nicht. Sie ist eure Merkhilfe-Bibliothek für alle Gelegenheiten, besonders für Hausaufgaben oder für die Vorbereitung auf Klassenarbeiten.

Wortarten

Die Nomen
Nouns

Personen- und sachbezogene Nomen
Nouns referring to persons and things

① **The girl** told **her father** about **the accident**.
② **A cyclist** crossed **the road** in front of **a car**.
③ **The car driver** stopped in time and so **she** didn't hit the cyclist.
④ But the cyclist fell off **his bike** and hurt **his hand**.
⑤ **A policeman** came and called a doctor.

- Anders als im Deutschen gibt es im Englischen nur ein **„natürliches"** – also kein „grammatisches" – **Geschlecht**. Nomen wie *girl, mother, woman* usw. beziehen sich auf weibliche Personen; Nomen wie *boy, father, man* usw. auf männliche. ①
- Die meisten **personenbezogenen Nomen** – z. B. *cyclist, doctor, driver, friend, teacher* usw. – können sich aber auf weibliche und männliche Personen beziehen. In solchen Fällen wird das Geschlecht der Person nur durch Pronomen wie *he, she, his, her* usw. oder durch Eigennamen deutlich. ② ③ ④
- Einige **berufsbezogene Nomen** haben eine geschlechtsbezogene Form, z. B. *actor – actress, waiter – waitress, policeman – policewoman, headmaster – headmistress*. Sie kommen aber viel seltener im Englischen als im Deutschen vor. ⑤

Im Englischen haben **Dinge** kein Geschlecht: *the accident* (der Unfall), *the road* (die Straße), *the car* (das Auto), *the bike* (das Rad), *the hand* (die Hand). Für alle Dinge wird das **Pronomen** *it* verwendet.

Beachte: **Tiere** sind im Englischen in der Regel sächlich. Bei **Haustieren mit Namen** dagegen benutzen wir, wie bei Menschen, *he* bzw. *she*.

Die regelmäßige Pluralbildung

Regular plurals

① At a lot of **British schools, pupils** have eight **lessons** a day, five **days** a week.
② Most pupils bring **sandwiches** to school in **boxes.**
③ There are eight **families** in our house and two of them have **babies.**
④ Don't eat with your fingers. Use **knives** and forks.
⑤ You mustn't bring **radios** to school with you.
⑥ Please buy some **tomatoes** on your way home.

Bei den meisten Nomen bilden wir den Plural durch das einfache Anhängen eines *-s*. ①

Diese **Schreibregeln** sind zu beachten:

Endet der Singular auf einem **Zischlaut** – *-ch* / tʃ /, *-s* / s /, *-sh* / ʃ /, *-x* / ks /–, wird *-es* angehängt. ②

Endet der Singular auf *-y* nach einem Konsonanten, wird das *-y* zu *-i*. Hinzu kommt *-es* ③:

*famil**y*** → *famil**ies***
*bab**y*** → *bab**ies***

Endet der Singular auf *-fe*, wird *-f* zu *-v*. Hinzu kommt *-s* ④:

*li**fe*** /laɪf/ → *li**ves*** /laɪvz/
*wi**fe*** /waɪf/ → *wi**ves*** /waɪvz/

Endet der Singular auf *-f*, wird im Plural daraus meist *-ves*:

*lea**f*** → *lea**ves***

Endet der Singular auf *-o*, wird der Plural auf *-s* („leblose Dinge“) ⑤ bzw. *-es* (Menschen, Pflanzen) ⑥ gebildet:

photo	/'fəʊtəʊ/	→	*photos*	/'fəʊtəʊz/
radio		→	*radios*	
studio		→	*studios*	
video		→	*videos*	
hero		→	*heroes*	
potato		→	*potatoes*	
tomato		→	*tomatoes*	

Die unregelmäßige Pluralbildung

Irregular plurals

① How many **children** have the Greens got?
② **Men** still get more money than **women** for the same job.
③ Always clean your **teeth** after a meal.
④ Some say that **sheep** are very stupid animals.

Eine kleine Zahl von Nomen hat einen **unregelmäßigen** Plural ① ② ③. Die wichtigsten Formen sind:

child	/tʃaɪld/	→	*children*	/'tʃɪldrən/
man	/mæn/	→	*men*	/men/
woman	/'wʊmən/	→	*women*	/'wɪmɪn/
tooth	/tu:θ/	→	*teeth*	/ti:θ/
foot	/fʊt/	→	*feet*	/fi:t/
goose	/gu:s/	→	*geese*	/gi:s/
mouse	/maʊs/	→	*mice*	/maɪs/
louse	(Laus)	→	*lice*	

Eine noch kleinere Zahl von Nomen hat **die gleiche Form** im Singular und im Plural ④:

sheep	→	*sheep*
fish	→	*fish*
fruit	→	*fruit*

Zählbare und nichtzählbare Nomen
Countable and uncountable nouns

① I'd like **an apple** and **a banana**, please.
② Do you want **one** or **two eggs** for breakfast?
③ – Please buy **some milk** and **some butter**.
– Sure. How much do we need?
– **Three bottles of milk** and **two packets of butter** will be enough.
④ Our **furniture is** awful. Just look at **it**!

Nomen wie *apples, bananas* und *eggs* sind **zählbar**. Sie haben eine Pluralform und können mit *a/an* ① und Zahlwörtern ② benutzt werden. Daher sagen wir *an/one apple, two apples, three apples* usw.
Nomen wie *milk* und *butter* sind **nichtzählbar**. Sie haben keine Pluralform und können deswegen nicht mit *a/an* oder Zahlwörtern benutzt werden. ③
Wollen wir **nichtzählbare Begriffe im Plural** benutzen, dann müssen wir ein geeignetes zählbares Nomen – z. B. *bottle of* oder *packet of* – hinzufügen. ③

Diese Nomen sind im Englischen **nichtzählbar**. Wie bei allen anderen nichtzählbaren Begriffen haben sie keine Pluralform. Daher stehen die **dazugehörigen Verben und Pronomen** immer im **Singular** ④:

advice	Rat, Ratschläge
damage	Schaden, Schäden
evidence	Beweis(e)
furniture	Möbel
hair	Haar
homework	Hausaufgabe(n)
information	Information(en)
knowledge	Wissen, Kenntnis(se)
progress	Fortschritt(e)

„Paarwörter“
Pair nouns

① Where **are** the **scissors**?
② I've only got **one pair of jeans**.

„Paarwörter“ bezeichnen Dinge wie *scissors* ① und *jeans* ②, die aus zwei gleichen und miteinander verbundenen Teilen bestehen.
Solche Nomen können wir **nur im Plural** gebrauchen ①. Wollen wir ein „Paarwort“ **im Singular** oder **mit einem Zahlwort** im Plural benutzen, müssen wir *a/one pair of ...* bzw. *two/three/... pairs of ...* **hinzufügen** ②.

Andere wichtige „Paarwörter“ sind:

briefs	Slip
glasses	Brille
headphones	Kopfhörer
leggings	Leggings
pants	Unterhose
pyjamas	Schlafanzug
shorts	kurze Hose, Shorts
swimming trunks	Badehose
tights	Strumpfhose
trousers	Hose

Der Genitiv
The genitive

Allgemeine Hinweise

Bei **Personen** und bei **Tieren mit Namen** benutzen wir den **s-Genitiv**:

***My father's job** is not very interesting.*
*This shop has **men's, women's** and **children's clothes**.*
*Where is **the dog's/Bruno's lead*** (Leine)*?*

Steht das Nomen im Singular oder endet der Plural nicht auf *-s*, hängen wir einfach ***'s*** an:
*The **men's toilet** is on the left.*

Endet der Plural auf *-s*, hängen wir nur ein Apostroph (') an:
*The **girls' team** won, but the **boys' team** lost.*

Bei **Sachen** benutzen wir den ***of*-Genitiv**:
*The man opened **the door of the car** without looking. A cyclist fell off his bike into **the middle of the road**.*

Besonderheiten

Wenn das dazugehörige **Nomen schon vorher genannt** wurde, steht der *s*-Genitiv meist allein:
– *Who does **this car** belong to?*
– *It is **Nick King's**.*

Bei **Ortsangaben** wie schon bekannten Wohnungen *(houses, flats)*, Geschäften *(shops, businesses)*, Restaurants usw. lassen wir das nachfolgende Nomen grundsätzlich weg:
*Please buy the sausages **at the butcher's**, okay?*
*I'll be late tomorrow. I'm going **to the dentist's**.*

Bei **Zeitangaben** – *an hour's wait, this year's calendar, last night's TV programme* usw. – benutzen wir ebenfalls den *s*-Genitiv:
*Have you seen **today's paper** anywhere?*

Das Stützwort *one/ones*

The prop-word one/ones

① Do you want **the green T-shirt** or the **red one**?
② – Did you see **the films** on BBC1 last night?
– No. I watched **the ones** on ITV.

Wollen wir ein **zählbares Nomen** nicht wiederholen, können wir es durch *one* (Singular) ① bzw. *ones* (Plural) ② ersetzen.

Beachte: Anders als im Deutschen kann ein **Adjektiv** – *red* ① – im Englischen **nicht allein** stehen.

Die Artikel und andere Begleiter

Articles and other determiners

Der bestimmte Artikel

The definite article

① **The car** stopped outside **the shop.**
② We live in **the old house** at **the end** of the road.
③ **Violence** is increasing.
④ **The violence on TV** is particularly bad.

Die Schreibweise des bestimmten Artikels bleibt immer unverändert: ***the***. ① ②
Die **Aussprache** dagegen ändert sich. Vor Konsonanten wird das **e** in *the* /ðə/ wie das **e** in „hab**e**" ausgesprochen ①, vor Vokalen wie das **ie** / ði / in „L**ie**be" ②.

Fehlerquelle: Generell wird der bestimmte Artikel im Englischen viel weniger als im Deutschen benutzt. Aus diesem Grund haben die meisten Fehler mit dem unnötigen Gebrauch des Artikels zu tun.

Hat ein Nomen eine allgemeine, uneingeschränkte Bedeutung, dann steht es ohne Artikel ③.
Ist das Nomen näher beschrieben – also „bestimmt" –, dann benutzen wir *the*. ④

Beachte: Insbesondere wird der bestimmte Artikel in den folgenden Fällen und Wendungen im Englischen **nicht** gebraucht:

- bei Namen von Straßen, Plätzen usw.:
  The cinema is ***in Station Road***.
  Das Kino ist in der Bahnhofstraße.
  Tourists like to sit ***in Trafalgar Square***.
  Touristen sitzen gerne am (an dem) Trafalgar Square.
  Lake Constance *is Europe's biggest lake.*
  Der Bodensee ist Europas größter See.

- bei Verkehrsmitteln:
  *We go shopping **by bus**.*
  Wir fahren mit dem Bus zum Einkaufen.
  *It is almost quicker to go **by train** than **by plane**.*
  Es ist fast schneller mit dem Zug als mit dem Flugzeug.
- bei Gebäuden und Ortsangaben im allgemeinen Sinn:
  *Mr Coe is **in hospital**.*
  Mr Coe liegt im (in dem) Krankenhaus.
  *Do you really think life **in prison** is too comfortable?*
  Meinst Du wirklich, das Leben im Gefängnis ist zu bequem?
  *Do you go **to school** on Saturdays?*
  Gehst Du samstags in die Schule?
  *The circus is **in town** at the moment.*
  Zur Zeit ist der Zirkus in der Stadt.
- bei Mahlzeiten als Zeitangaben:
  *I'm going shopping immediately **after breakfast**.*
  Ich gehe sofort nach dem Frühstück einkaufen.
  *The power cut happened just **before lunch**.*
  Der Stromausfall trat direkt vor dem Mittagessen ein.
- bei *most* in der Bedeutung von „die meisten“:
  ***Most people** are friendly.*
  Die meisten Menschen sind freundlich.

Der unbestimmte Artikel

The indefinite article

① Can I have **a banana** and **a big glass** of milk, please?
② Don't eat **an ice**. Have **an apple** or **an orange**.
③ Do all British schools have **a uniform**?
④ Our bus goes in **an hour**.

Beginnt das Wort unmittelbar nach dem Artikel mit einem **Konsonanten**, benutzen wir ***a*** /ə *betont* eɪ/ ①.
Wenn das Wort mit einem **ausgesprochen Vokal** beginnt, benutzen wir ***an*** /ən *betont* æn/②. Entscheidend dabei ist, wie der Anfangslaut des Wortes ausgesprochen – nicht geschrieben – wird ③ ④.

Beachte: Anders als im Deutschen benutzen wir im Englischen den **unbestimmten Artikel** in den folgenden Fällen:

- bei Berufsangaben:
  *Helen is **a teacher** and John **an engineer**.*
  Helen ist Lehrerin und John Ingenieur.
- bei Angaben über Nationalität, Religion, Politik:
  *Is Birgit **an Austrian** or **a German**?*
  Ist Birgit Österreicherin oder Deutsche?
  *Ali doesn't eat pork. He's **a Muslim**.*
  Ali isst kein Schweinefleisch. Er ist Muslim.
  *Was Lincoln **a Democrat** or **a Republican**?*
  War Lincoln Demokrat oder Republikaner?
- bei Bagatellkrankheiten:
  *Sally has got **a cold**.*
  Sally ist erkältet.
  *I've got **an awful headache**.*
  Ich habe schreckliche Kopfschmerzen.
- bei nachgestellten Maß- und Zeitangaben:
  *How much are these apples **a kilo**?*
  Wie viel kosten diese Äpfel pro Kilo?
  *Petrol costs £1.10 **a litre**.*
  Benzin kostet £1.10 pro Liter.
  *You may only drive at 30 kilometres **an hour** here.*
  Hier darfst Du nur 30 Kilometer in der Stunde fahren.
  *We have English three times **a week**.*
  Wir haben Englisch dreimal in der Woche.
- bei den folgenden Wendungen:

be in a hurry	in Eile sein, es eilig haben
come to an end	enden
for a change	zur Abwechslung
for a long time	lange Zeit
for a short time	kurze Zeit
have a bath	sich baden
have a go	es versuchen
have a shave	sich rasieren
have a shower	sich duschen

have a wash	sich waschen
in a loud voice	mit lauter Stimme
make a noise	Lärm machen
take a seat	Platz nehmen
What a pity!	Wie schade!
without a break	ohne Pause

Beachte: Bei *half, quite, rather, such* wird *a/an* nachgestellt:
Hurry up. We've only got ***half an hour****.*
Beeil dich! Wir haben nur eine halbe Stunde.
We had ***quite a good holiday*** *in Holland.*
Wir hatten einen ganz guten Urlaub in Holland.
Tom can be ***rather a silly boy****.*
Tom kann ein ziemlich alberner Junge sein.
I've never read ***such an interesting book****.*
Ich habe noch nie so ein interessantes Buch gelesen.

Some, any und ihre Zusammensetzungen

Some, any and their compounds

① Please don't forget to buy **some apples**.
② We haven't got **any coffee**.
③ Have we got **any wine**, Helen?
④ Have you got **some salt**, please?
⑤ Would you like **some salad**, Tom?
⑥ – Listen! I think there is **somebody** at the door.
– Really? I didn't hear **anything**.
⑦ I can't find my cap **anywhere**. I expect I left it **somewhere** in town.

Möchten wir über eine **unbestimmte Menge** (*indefinite quantity*) reden, benutzen wir ***some*** oder ***any*** („einige", „etwas"). Die beiden Wörter haben die gleiche Bedeutung, werden aber unterschiedlich eingesetzt.
Wir benutzen ***some*** in **bejahten Aussagen** ① und ***any*** in **verneinten Aussagen** ② und **Fragen** ③.
Ist eine Frage eigentlich eine höfliche **Bitte** ④, benutzen wir ***some***. Dasselbe gilt auch für **Angebote** ⑤.

Wir benutzen die **Zusammensetzungen** von *some* und *any* – *somebody/anybody, someone/anyone, something/anything, somewhere/anywhere* – in genau derselben Art und Weise.⑥⑦

Beachte: Im Englischen benutzen wir *some* und *any* auch, wenn wir im Deutschen „etwas"/„einige" weglassen würden:
Helen must buy ***some wine****.*
Helen muss Wein kaufen.

Wir benutzen ***any*** im Sinne von *it doesn't matter which* (es spielt keine Rolle, welche) auch in Aussagen:
You can come any day after 5 o'clock.
I'd like any Sinatra CD, please.
Beachte, dass *some* mit dieser Bedeutung nicht benutzt werden kann.

Many, much, a lot of, plenty of

① We haven't got **many rolls**.
② How **many tomatoes** have we got?
③ People don't eat **much beef** nowadays.
④ Why did you buy so **much cheese**?
⑤ We have got **a lot of apples** and **a lot of bread**, too.
⑥ Don't eat **so much cake**. There's **too much sugar** in it.
⑦ – We have got **plenty of rolls**.
– And **plenty of butter** as well.

Wir benutzen ***many*** mit **zählbaren** Nomen und ***much*** mit **nichtzählbaren** Nomen in **verneinten Aussagen** ① ③ oder **Fragen** ② ④. (↗1.4 Zählbare u. nichtzählbare Nomen, S. 10)
In **bejahten Aussagen** benutzen wir ***a lot of*** mit zählbaren sowie nichtzählbaren Nomen. ⑤

Beachte: Sehr häufig können wir *much* bzw. *many* durch *a lot of* ersetzen, nicht aber nach *as, so, too, how* und *very*. ⑥

Möchten wir **„mehr als genug"** ausdrücken, können wir a *lot of* durch *plenty of* ersetzen. ⑦

A few/few, a little/little

① Would you like **a little water** with your whisky?
② Can I have **a few potatoes**, please?
③ I'm afraid some pupils show **little interest** in school.
④ **Few players** are as good as Andy Möller.

Wir benutzen ***a little*** (= ein wenig) und ***little*** (= wenig) mit **nichtzählbaren** ① ③ und ***a few*** (= ein paar) und ***few*** (= wenige) mit **zählbaren** Nomen ② ④. (↗ Zählbare und nichtzählbare Nomen, S. 12)
Dies gilt für **alle Satzarten**, also für bejahte und verneinte Aussagen und Fragen.

Each und *every*

① We go cycling **each/every weekend**.
② The police questioned **each/every person** in the room.
③ The two teams both scored a goal in **each half**.
④ **Each of the girls** won a prize.
⑤ These four bikes cost over £500 **each**.

Every bedeutet „alle ohne Ausnahme“ und ***each*** etwa „jeder Einzelne aus einer begrenzten Anzahl.”
Da von der Bedeutung her *each* und *every* sehr ähnlich sind, können wir die beiden Wörter beliebig einsetzen – **vorausgesetzt**, dass sie unmittelbar vor einem Nomen stehen. ① ②
Trotz dieser Bedeutungsähnlichkeit gibt es Fälle, in denen **nur *each*** in Frage kommt:

- Von der Logik her ist *each* die einzige Möglichkeit bei einer Auswahl von zwei ③.
- *Every* kann nur vor einem Nomen benutzt werden. Deshalb ist *each* die einzige Möglichkeit vor einer *of*-Fügung ④ und wenn das Wort allein – also ohne Nomen – steht ⑤.

Die Pronomen
Pronouns

Personalpronomen
Personal pronouns

Subjektform
① Tom is British. **He** lives in London.
② Helen is Scottish. **She** lives in Stirling.
③ Alan and Lucy are Welsh. **They** live near Conway.

Objektform
④ Where's Helen? I haven't seen **her** today.
⑤ Please visit **us** when you're in Bristol.
⑥ That man hit **me** with his umbrella.
⑦ Can you lend **me** your bike, please? I'll bring **it** back tomorrow.

Personalpronomen können Nomen ersetzen. Wir benutzen sie unter anderem, um eine eintönige Wiederholung von Namen und Nomen zu vermeiden.
Personalpronomen können das **Subjekt** ① ② ③ oder das **Objekt** ④ ⑤ ⑥ ⑦ des Satzes sein.

Übersicht der Personalpronomen:

Subjekt		**Objekt** (wem?, wen? oder was?)
I	ich	*me*
you	du/Sie	*you*
he	er	*him*
she	sie	*her*
it	es/er/sie	*it*
we	wir	*us*
you	ihr/Sie	*you*
they	sie	*them*

Beachte: Im Englischen – ganz anders als im Deutschen – benutzen wir immer *it* für Sachen und Tiere. Die „geschlechtsanzeigenden" Pronomen *he* und *she* werden nur für Menschen und Haustiere verwendet.

Possessivadjektive *(my, your, ...)*
Possessive adjectives

① Sally hasn't finished **her homework** yet.
② Is that **their new car**?
③ Please wash **your hands** before eating.
④ Helen left **her coat** on the bus.
⑤ Look at that bird. It has hurt **its wing**.

Die Possessivadjektive sagen uns, wem irgendetwas gehört. Sie stehen **immer unmittelbar vor dem entsprechenden Nomen**, genau wie ein Adjektiv.

Übersicht der Possessivadjektive:	
I	***my***
you	***your***
he	***his***
she	***her***
it	***its***
we	***our***
you	***your***
they	***their***

Fehlerquelle: Beachte die **Schreibweise** von *its*. Diese wird manchmal mit *it's* (Kurzform von *it is*) verwechselt.

Fehlerquelle: Beachte die **Schreibweise** von *their* („ihr"/„ihre"). Diese wird häufig mit *there* („da"/„dort") verwechselt. ②

Im Englischen verwenden wir Possessivadjektive bei **Körperteilen** ③ und **Kleidungsstücken** ④. Im Deutschen dagegen benutzen wir meist den bestimmten Artikel (die Hände, den Mantel).

Possessivpronomen *(mine, yours, ...)*

Possessive pronouns

– Is this your coat, Helen?
– No, it's not **mine**. Ask Sally.
– You're right. It must be **hers**.

Mine und *hers* sind Possessivpronomen, die allein – also **ohne Nomen** – stehen.
Possessivpronomen werden statt eines schon erwähnten Possessivadjektivs + Nomen *(your coat)* benutzt. Wir vermeiden dadurch lästige Wiederholungen.

Übersicht der Possessivpronomen:

I	***mine***
you	***yours***
he	***his***
she	***hers***
it	–
we	***ours***
you	***yours***
they	***theirs***

Self-Pronomen (Reflexivpronomen)

Self-pronouns (reflexive pronouns)

① Jane **hurt herself** when she fell off her bike.
② Mr and Mrs Coe are both over 80 but they still **look after themselves.**
③ We never buy vegetables. **My dad grows** them **himself**.

Self-Pronomen – oder Reflexivpronomen – beziehen sich auf das **Subjekt** des Satzes. Wir benutzen sie also, wenn das Objekt dieselbe Person oder Sache wie das Subjekt ist. ① ②
Wir benutzen *self*-Pronomen auch, wenn wir betonen möchten, dass eine **bestimmte Person** irgendetwas selbst tut oder getan hat ③. Bei diesem Gebrauch benutzen wir im Deutschen „selbst"/„selber".

Übersicht der *self*-Pronomen:		
I	***myself***	
you	***yourself***	/jɔːˈself/
he	***himself***	
she	***herself***	
it	***itself***	
we	***ourselves***	
you	***yourselves***	/jɔːˈselvz /
they	***themselves***	

Beachte die **Schreibweise** der Pluralformen: *ourselves*, *yourselves*, ... (↗ Die regelmäßige Pluralbildung S. 10).

Self-Pronomen werden im Englischen viel seltener als im Deutschen verwendet. Beachte, dass die folgenden deutschen Verben im Englischen **kein *self*-Pronomen** haben:

sich ändern	*change*
sich beeilen	*hurry*
sich beklagen	*complain*
sich bewegen	*move*
sich erinnern	*remember*
sich entschuldigen	*apologise*
sich entspannen	*relax*
sich fragen	*wonder*
sich freuen auf	*look forward to*
sich fühlen	*feel*
sich fürchten	*be afraid*
sich hinlegen	*lie down*
sich hinsetzen	*sit down*
sich öffnen	*open*
sich Sorgen machen	*worry*
sich streiten	*quarrel*
sich treffen	*meet*
sich verändern	*change*
sich verstecken	*hide*
sich (etwas) vorstellen	*imagine (something)*
Aber:	
sich amüsieren	*enjoy oneself*

Each other/one another

① We always help **each other** with our homework.
② Mr and Mrs Green often argue with **one another**.

Die beiden Pronomen *each other/one another* haben dieselbe Bedeutung und die gleiche Form für alle Personen. Es ist also einerlei, welches der beiden Pronomen benutzt wird. Möchten wir eine **wechselseitige Beziehung** ausdrücken, benutzen wir *each other/one another* statt eines *self*-Pronomens. ① ②

Die Demonstrativpronomen *this/these, that/those*
The demonstrative pronouns this/these, that/those

① **This book** (here) belongs to Helen.
② Can I borrow **these CDs** (here), please?
③ Is **that man** (over there) your English teacher?
④ Do **those boys** (over there) go to your school, too?

This (Singular) ① und ***these*** (Plural) ② verwenden wir bei sich **in der Nähe** befindenden Personen und Dingen. Sie entsprechen also den deutschen Pronomen „diese/-r/-s/…".
That (Singular) ③ und ***those*** (Plural) ④ benutzen wir bei **weiter entfernten** Personen und Dingen. Sie entsprechen den deutschen Pronomen „jene/-r/-s/…".
Demonstrativpronomen können **auch zeitlich** benutzt werden. In dieser Anwendung bedeuten *these* etwa „jetzt" und *that/those* „in der (meist entfernteren) Vergangenheit":
Life has become more complicated ***these days***.
Heutzutage ist das Leben viel komplizierter geworden.
At that time *I was working in New York.*
Zu jener Zeit/Damals arbeitete ich in New York.
In those days *most people worked on the land.*
In jenen Tagen/Damals arbeiteten die meisten Menschen auf dem Lande.

Das Adjektiv
Adjectives

Der Gebrauch
Use

① Tom has bought a **new car**.
② German **is difficult** to learn.
③ Helen **looks beautiful** today.
④ This cake **tastes good**!

Wir benutzen Adjektive, um **Personen** und **Sachen** näher zu beschreiben.
Genau wie im Deutschen stehen Adjektive entweder unmittelbar **vor einem Nomen** ① oder **nach einer Form von *be* oder *become*** ②.
Es gibt auch eine kleine Zahl von **Verben der sinnlichen Wahrnehmung** *(sense verbs)*, die ebenfalls von Adjektiven – nicht also Adverbien – beschrieben werden. ③ ④
Die wichtigsten sind: *feel* (sich fühlen), *look* (aussehen), *seem* (scheinen), *smell* (duften, riechen), *sound* (klingen), *taste* (schmecken).

Die Steigerung von Adjektiven
Comparison of adjectives

① – Tom is **fast**, isn't he?
– Yes, but Ben is **faster**.
– You're right. He's **the fastest runner**.
② Is Paris **bigger** than London?
③ Helen is **the happiest girl** I know. She's **the nicest**, too.
④ – This bike is **more expensive** than that one.
– Sure, but the red one is the **most expensive bike** of all.
⑤ It is **better** to eat apples than sweets.

Im Englischen kennen wir die *-er*/*-est*-Steigerung ① ② ③ und die *more*/*most*-Steigerung ④.

Wir benutzen die *-er/-est*-**Steigerung** für

- alle **einsilbigen** Adjektive:

big	*bigg**er***	*bigg**est***
clean	clean**er**	*clean**est***
fast	*fast**er***	*fast**est***
loud	*loud**er***	*loud**est***
nice	*nic**er***	*nic**est***
old	*old**er***	*old**est***

Beachte die **Schreibweise**: Der **Endkonsonant** nach einem kurzen Vokal wird **verdoppelt** ② und das **stumme** (= nicht ausgesprochene) ***-e*** fällt weg ③.

- alle **zweisilbigen** Adjektive, die auf *-y* enden:

early	*earl**ier***	*earl**iest***
happy	*happ**ier***	*happ**iest***
lucky	*luck**ier***	*luck**iest***
silly	*sill**ier***	*sill**iest***
thirsty	*thirst**ier***	*thirst**iest***

Beachte die **Schreibweise**: Beim **Anhängen** von *-er*/*-est* wird das *-y* zum ***-i*** ③.

Wir benutzen die ***more/most*-Steigerung** für

- **zweisilbige** Adjektive, die **nicht** auf *-y* enden:

boring	***more** boring*	***most** boring*
careful	***more** careful*	***most** careful*
famous	***more** famous*	***most** famous*
helpful	***more** helpful*	***most** helpful*
nervous	***more** nervous*	***most** nervous*

- alle **mehrsilbigen** Adjektive ④:

beautiful	***more** beautiful*	***most** beautiful*
difficult	***more** difficult*	***most** difficult*
expensive	***more** expensive*	***most** expensive*
intelligent	***more** intelligent*	***most** intelligent*
interesting	***more** interesting*	***most** interesting*

Bei einer kleinen Zahl von zweisilbigen Adjektiven sind **beide Steigerungen** – also *-er/-est* oder *more/most* – möglich:
*Jane is **cleverer/more clever** than Jill.*

Die wichtigsten Adjektive dieser Gruppe sind:			
cruel	*cruel**ler***	*cruel**lest***	grausam
	***more** cruel*	***most** cruel*	
pleasant	*pleasant**er***	*pleasant**est***	angenehm
	***more** pleasant*	***most** pleasant*	
polite	*polite**r***	*polit**est***	höflich
	***more** polite*	***most** polite*	
quiet	*quiet**er***	*quiet**est***	ruhig, still
	***more** quiet*	***most** quiet*	
stupid	*stupid**er***	*stupid**est***	dumm
	***more** stupid*	***most** stupid*	
tired	*tired**er***	*tired**est***	müde
	***more** tired*	***most** tired*	
sowie **alle** Adjektive, die **auf *-er, -le, -ow* enden**, z. B.			
clever	*clever**er***	*clever**est***	klug
	***more** clever*	***most** clever*	
gentle	*gentl**er***	*gentl**est***	sanft
	***more** gentle*	***most** gentle*	
simple	*simpl**er***	*simpl**est***	einfach
	***more** simple*	***most** simple*	
hollow	*hollow**er***	*hollow**est***	hohl
	***more** hollow*	***most** hollow*	
narrow	*narrow**er***	*narrow**est***	schmal, eng
	***more** narrow*	***most** narrow*	

Diese Adjektive werden **unregelmäßig** gesteigert ⑤:			
bad	***worse***	***worst***	
far	***further***	***furthest***	
good	***better***	***best***	
a lot of	***more***	***most***	viel/viele
many	***more***	***most***	viele
much	***more***	***most***	viel
some	***more***	***most***	einige

(a) few	***less***	***least***	wenig/wenige
(a) little	***less***	***least***	wenig/wenige

Beachte: ***little*** in der Bedeutung von „klein" kann **nicht** gesteigert werden. Deshalb benutzen wir **small – smaller – smallest.**

Vergleiche in Sätzen

Sentence comparisons

① Is Munich **as big as** Hamburg?
② Amsterdam is **not as big as** Berlin.
③ I find books **more interesting than** television.
④ English is **less difficult than** German.

Möchten wir **Personen** oder **Sachen im Satz** miteinander vergleichen, haben wir die folgenden Möglichkeiten:

◆ ***as ... as***	①	genauso ... wie
◆ ***not as ... as***	②	nicht so ... wie
◆ ***more/less ... than***	③ ④	mehr/weniger ... als

Das Adverb

Adverbs

Adjektive und Adverbien im Vergleich

Adjectives and adverbs compared

Der Gebrauch von Adjektiven

Möchten wir **Personen** oder **Sachen** näher beschreiben, benutzen wir **Adjektive** (↗ Das Adjektiv S. 26):

*Ben Scott is a **fascinating** man.*
*I think Paris is **more exciting** than Berlin.*

Adjektive stehen **unmittelbar vor Nomen** oder **nach einer Form von *be*** bzw. *become* (werden) oder *seem* (scheinen), die *be* ersetzen können:

*Helen works for a **big firm** in London. Her job **is interesting** and she **seems happy** there.*

Wir verwenden Adjektive auch mit **Verben** wie *feel* (sich fühlen), *look* (aussehen), *sound* (klingen), *smell* (duften, riechen) und *taste* (schmecken), die eine **sinnliche Wahrnehmung** ausdrücken: *Bob **looks sad** today.*

*A lot of pupils **feel bored** at school.*

Der Gebrauch von Adverbien

Möchten wir ein **Tätigkeitsverb** näher beschreiben, muss ein **Adverb** folgen:

*Always **drive slowly** near schools.*
*Harry always **works carefully** and **neatly**.*
*Please **speak loudly**. Mrs Coe can't **hear well**.*

Wir benutzen Adverbien auch, um ① **Adjektive**, ② **andere Adverbien** und ③ **ganze Sätze** näher zu bestimmen.

① Our team is **surprisingly good** at the moment.
The meal was **absolutely terrible**.
② I'm afraid some boys behaved **very badly**.
Tom sang **surprisingly well**.
③ **Unfortunately** we missed our bus.
Luckily the doctor was at home.

Das *ly*-Adverb

① Please come **quickly**.
② You should go to the dentist **regularly**.
③ The driver shouted **angrily** at the cyclist.
④ The play was **terribly** funny.
⑤ Manchester United is playing **fantastically** well.

Wir bilden die weitaus **meisten Adverbien** durch das einfache **Anhängen von *-ly*** an das entsprechende Adjektiv. ① ②

Beachte: Beim Anhängen von *-ly* gibt es einige wichtige **Schreibregeln.**

- Endet das Adjektiv auf *-y*, wird das *-y* zu *-i* ③:

*angr**y***	→	*angr**ily***
*eas**y***	→	*eas**ily***
*happ**y***	→	*happ**ily***
*hungr**y***	→	*hungr**ily***
*thirst**y***	→	*thirst**ily***
Aber:		
*sh**y***	→	*sh**yly*** (schüchtern)

- Endet das Adjektiv auf *-le*, fällt das *-e* weg ④:

*probab**le***	→	*probab**ly***
*simp**le***	→	*simp**ly***

- Endet das Adjektiv auf *-ic*, wird ***-ally*** angehängt ⑤:

*automat**ic***	→	*automatic**ally***
*bas**ic***	→	*basic**ally***
*enthusiast**ic***	→	*enthusiastic**ally***
*systemat**ic***	→	*systematic**ally***

Einige Adjektive – am wichtigsten *friendly, lively, lovely, silly* und *ugly* – enden schon auf *-ly*. Um das Adverb zu bilden, benutzen wir das unveränderte Adjektiv mit der **Umschreibung *in (such) a ... way***:

*Sarah alway treats people **in a friendly way**.*
*Why are you speaking **in such a silly way**?*
*The man looked at the child in **an ugly way**.*

Unregelmäßige Adverbien
Irregular adverbs

① Jane always comes **early**.
② Don't speak so **fast**. I can't understand you.

Die **Adverbien** *early* ①, *fast* ②, *long* und *straight* (sofort) haben **dieselbe Form** wie das entsprechende **Adjektiv**.

③ Why do you always come **late**?
④ – Have you seen Jim **lately**?
– No. I **hardly** ever see him nowadays.
⑤ I'm pleased. You're playing **well** at the moment.

Einige Adverbien haben **zwei Formen**, eine wie das Adjektiv ③ und eine auf *-ly* ④. Die beiden Formen haben **unterschiedliche Bedeutungen**.
Die wichtigsten Adverbien dieser Gruppe sind:

Adverb-Form = Adjektiv-Form		***ly*-Adverb**	
close	nah	*closely*	sorgfältig, genau
deep	tief	*deeply*	zutiefst
fair	gerecht	*fairly*	ziemlich
hard	hart	*hardly*	kaum
high	hoch	*highly*	sehr, höchst
late	spät	*lately*	vor kurzem, neulich
most	meist	*mostly*	hauptsächlich, meistens
near	nah	*nearly*	fast
pretty	ziemlich	*prettily*	hübsch
short	kurz	*shortly*	binnen kurzem
wide	weit	*widely*	an vielen Orten

Fehlerquelle: Die Adverbform von *good* ist ***well***. ⑤

Die Steigerung von Adverbien
Comparison of adverbs

① I wish people would work **more carefully**.
② Jane works **most carefully** in our office.
③ You must work **harder** or you'll lose your job.
④ Helen left the office **earliest**.

Endet das Adverb auf *-ly*, steigern wir mit ***more/most***. ① ②
Hat das **Adverb** dieselbe Form wie das **Adjektiv**, steigern wir mit ***-er/-est***. ③ ④

Beachte: Diese Steigerungen sind **unregelmäßig**:

well	***better***	***best***
badly	***worse***	***worst***

Vergleiche in Sätzen
Sentence comparisons

① Does Tom work **as well as** the others?
② My car does not go **as fast as** Mike's.
③ Sally works **more systematically than** Brenda.
④ Helen speaks German **less fluently than** Ben.

Möchten wir **Personen** oder **Dinge im Satz** miteinander vergleichen, haben wir die folgenden Möglichkeiten:

◆ ***as ... as***	①	genauso ... wie
◆ ***not as ... as***	②	nicht so ... wie
◆ ***more/less ... than***	③ ④	mehr/weniger ... als

Fehlerquelle: Deutschsprachige Schülerinnen und Schüler machen leicht Fehler, indem sie *so* statt *as* verwenden oder indem sie *as* einsetzen, wo *than* richtig wäre.
*This T-Shirt is not ~~so~~ **as** cheap **as** that one.*
*My dog is cleverer ~~as~~ **than** yours.*

Arten von Adverbien und ihre Stellung
Kinds of adverbs and their position

Satzadverbien
Sentence adverbs

Luckily the rain soon stopped.
Maybe we can find a taxi.
Of course you can borrow my bike.

Satzadverbien – wie *fortunately/unfortunately* (leider), *in fact* (in der Tat), *luckily* (glücklicherweise) /*unluckily*, *maybe* (vielleicht), *naturally* (natürlich), *obviously* (offensichtlich), *of course* (selbstverständlich) und *perhaps* (vielleicht) – bestimmen einen ganzen Satz. Daher stehen sie am **Satzanfang**.

Adverbien der Art und Weise
Adverbs of manner

The car was going too **quickly**.
The man spoke to us **politely**.

Adverbien der Art und Weise (Hilfsfrage: Wie?) – z. B. *badly, beautifully, politely* (höflich), *quickly, shortly* (barsch) usw. – stehen in der Regel am **Satzende**.

Zeit- und Ortsadverbien
Adverbs of time and place

Helen went home **at 3 o'clock.**
Tom lives **in London.**

Zeitadverbien (Hilfsfrage: Wann?) und Ortsadverbien (Hilfsfragen: Wo?, Wohin?) stehen in der Regel am **Satzende.**

- Stehen ein Zeitadverb **und** ein Ortsadverb zusammen am Satzende, dann gilt die **Reihenfolge Ort vor Zeit** (O vor Z):
  Our plane leaves ***New York at 10.30****.*
- Eine Anreihung von Orts- bzw. Zeitadverbien am Satzende wird **vom Spezifischen zum Allgemeinen** geordnet:
  Our plane lands ***at 10.30 on 10 May****.*
  They live ***in a flat in Church Lane in York****.*
- Kommt ein **Adverb der Art und Weise** dazu, ist die Reihenfolge **Art und Weise – Ort – Zeit** *(**Manner** – **Place** – **Time**)*:
  Mary sang ***beautifully at the concert last night****.*

Häufigkeitsadverbien
Adverbs of frequency

① Helen **always** walks to the office.
② Tom is **sometimes** late for work.
③ We go shopping **every Saturday**.

Besteht ein Häufigkeitsadverb aus **einem Wort** – z. B. *always, never, often, sometimes* –, steht es unmittelbar **vor dem Vollverb** ① bzw. **nach einer Form von *be*** ②.
Besteht das Adverb aus **mehr als einem Wort** – z. B. *every day, now and then* –, steht es wie ein Zeitadverb am **Satzende** ③.

Gradadverbien
Adverbs of degree

The baby **nearly** died.
Are you **completely** certain?
The film was **quite** good.
Harry behaved **a bit** stupidly at the party.

Gradadverbien – z. B. *a bit* (ein bisschen), *absolutely, completely* (völlig), *hardly* (kaum), *nearly* (fast), *pretty* (ziemlich), *rather* (ziemlich), *really* (eigentlich, wirklich), *totally, very, wholly* (gänzlich) – haben die gleiche Position wie Adjektive. Sie stehen unmittelbar **vor dem Wort, das sie beschreiben**.

Die Konjunktion

Conjunctions

① Helen likes fruit **and** vegetables.
② You can walk **or** go by bus.
③ Tom tried on the trousers, **but** they were too big.
④ Dad was in the garden **when** I saw him.
⑤ I was late **because** my bus didn't come.
⑥ We lost the game **although/though** we trained hard.

- Wir benutzen Konjunktionen, um Wörter ①, Satzglieder ② oder Sätze ③ – ⑥ miteinander zu verbinden.

- Die **häufigsten Konjunktionen** sind:

although	obwohl
and	und
as soon as	sobald
because	weil
because of	wegen
but	aber
or	oder
though	obwohl
when	als, wenn

Beachte: Die Konjunktion *when* hat zwei Bedeutungen:

It started to rain ***when*** *we were waiting for the bus.*
Es fing an zu regen, **als** wir auf den Bus warteten.

Can you give Kate this book ***when*** *you see her?*
Kannst du Kate dieses Buch geben, **wenn** du sie siehst?

Das Verb

Die Verben *be, have* und *do*

The verbs be, have and do

Das Verb *be*

The verb be

① Berlin **is** the German capital now but it **was** Bonn.
② – **Is** Tom there, please?
– No, he **isn't** (**is not**) here. He'**s** (**is**) on holiday this week.
③ Helen **is cooking** at the moment.
④ Our car **was made** in France.

- Wir können das Verb *be* alleine als **Vollverb** benutzen ① ② und als ein **Hilfsverb**, um die *progressive*-Zeiten ③ oder das Passiv ④ zu bilden.
In **verneinten Sätzen** und **Fragen** benutzen wir *be* genau wie „sein" im Deutschen. ②
Normalerweise benutzen wir in der gesprochenen Sprache und in privaten Briefen die **Kurzform** ②, wie in den Tabellen rechts angegeben.
- Wir bilden das ***present*** und ***past*** von *be* wie folgt:

***Present* (Präsens)**

bejaht		**verneint**	
lang	kurz	lang	kurz
*I **am***	*I'm*	*I am not*	*I'm not*
you are	*you're*	*you are not*	*you're not, you aren't*
*he **is***	*he's*	*he is not*	*he's not, he isn't*
*she **is***	*she's*	*she is not*	*she's not, she isn't*
*it **is***	*it's*	*it is not*	*it's not, it isn't*
*we **are***	*we're*	*we are not*	*we're not, we aren't*
*you **are***	*you're*	*you are not*	*you're not, you aren't*
*they **are***	*they're*	*they are not*	*they're not, they aren't*

Beachte: Bei der **Verneinung** gibt es – mit Ausnahme der 1. Person Singular – **zwei Kurzformen**. Entweder können wir das Pronomen *(I, you, he, ...)* mit dem Verbteil kombinieren ① ② oder den Verbteil mit ***not*** ③:

① **She's not** from Vienna.
② **They're not** from Vienna.
③ **They aren't** from Vienna.

***Past* (Präteritum/Imperfekt)**

bejaht	**verneint**	
	lang	kurz
*I **was***	*I was not*	*I wasn't*
*you **were***	*you were not*	*you weren't*
*he **was***	*he was not*	*he wasn't*
*she **was***	*she was not*	*she wasn't*
*it **was***	*it was not*	*it wasn't*
*we **were***	*we were not*	*we weren't*
*you **were***	*you were not*	*you weren't*
*they **were***	*they were not*	*they weren't*

Die **Partizipien** von *be* lauten:
being *-ing*-Form (Partizip Präsens)
been 3. Form (Partizip Perfekt)

There + eine Form von *be*

① **There is** some milk in the fridge.
(Es ist etwas Milch im Kühlschrank.)
② **There was** a bad accident in town yesterday.
(Es gab gestern einen schlimmen Unfall in der Stadt.)
③ Do you think **there is** life on Mars?
(Glauben Sie, dass es Leben auf dem Mars gibt?)

Mit *there* + einer Form von *be* drücken wir aus, dass irgendetwas vorhanden ist ①, passiert ist ② oder existiert ③.
Im Deutschen wird diese Idee meist durch eine Form von „es gibt ...“ ausgedrückt.

Fehlerquelle: Auch bei Menschen, die Englisch als Muttersprache sprechen, verursacht die **Schreibweise** von ***there*** viele Fehler.

Zum Vergleich:

there	da, dort
their	ihr
they're	sie sind (Kurzform von *they are*)

Das Verb *have*

① Helen **has got** a car.
② **Has Helen got** a car?
③ Tom and Helen **haven't got** any children yet.

Als **Vollverb** bedeutet *have* „haben“, „besitzen“.
In der **Gegenwart** *(present)* benutzen wir – vor allem im britischen Englisch – *have got* ①. Dies bedeutet, dass bei **Fragen** ② und der **Verneinung** ③ eine Umschreibung mit *do/does* entfällt.

④ Helen **has** a car.
⑤ **Does** Helen **have** a car?
⑥ Tom and Helen **don't have** any children yet.

Benutzen wir *have* ohne *got* ④, dann bilden wir **Fragen** ⑤ und die **Verneinung** ⑥ mit *do/does*.
In der **Vergangenheit** wird *got* meist nicht benutzt. Daher bilden wir **Fragen** und die **Verneinung** mit *did*.
– ***Did*** *you* ***have*** *a nice time at the weekend?*
– *No, we* ***didn't have*** *a nice time at all.*

In der gesprochenen Sprache benutzen wir meist die **Kurzform**.
Als **Hilfsverb** benutzen wir *have*, um die *perfect*-Zeiten zu bilden (↗ *present perfect* S. 47, ↗ *past perfect* S. 52).
I have worked *here since last July.*

Wir bilden das ***present*** und ***past*** von *have* wie folgt:

Present **(Präsens)**

bejaht		**verneint**	
lang	kurz	lang	kurz
I ***have***	*I've*	*I have not*	*I haven't*
you ***have***	*you've*	*you have not*	*you haven't*
he ***has***	*he's*	*he has not*	*he hasn't*
she ***has***	*she's*	*she has not*	*she hasn't*
it ***has***	*it's*	*it has not*	*it hasn't*
we ***have***	*we've*	*we have not*	*we haven't*
you ***have***	*you've*	*you have not*	*you haven't*
they ***have***	*they've*	*they have not*	*they haven't*

Beachte: Die **Kurzformen** von *he/she/it* ***is*** und von *he/she/it* ***has*** sind identisch: *he's, she's, it's*. Ob es sich um *is* oder *has* handelt, ist jedoch leicht aus dem Zusammenhang zu erkennen.

Past (Präteritum/Imperfekt)
Das *past* von have heißt ***had***. Die verneinte Form ist ***had not*** (Langform) bzw. ***hadn't*** (Kurzform). Dies gilt **bei allen Personen**.

Die **Partizipien** von *have* lauten:
having *-ing*-Form (Partizip Präsens)
had 3. Form (Partizip Perfekt)

Das Verb *do*

① Tom usually **does** the shopping.
② I **did** my homework on Sunday.
③ I **don't do** my homework as soon as I get home.
④ **Do** you **do** the cooking, too, Tom?

Als **Vollverb** bedeutet *do* „erledigen" ① bzw. „machen" ②. Verwenden wir *do* als **Vollverb**, bilden wir die **Verneinung** ③ und **Fragen** ④ ebenfalls mit *do*. Dann erscheint *do* natürlich zweimal im Satz, erst als Hilfsverb und dann als Vollverb im Infinitiv.

⑤ We **didn't go** on holiday last summer.
⑥ **Do** Helen and Tom **work** for the same firm?
⑦ **Don't shout**. Put up your hand.

Bei allen Vollverben benutzen wir *do* als **Hilfsverb**, um die **Verneinung** ⑤, **Fragen** ⑥ und die **verneinte Befehlsform** ⑦ zu bilden.
Genau wie bei *be* und *have* benutzen wir in der gesprochenen Sprache und in Privatbriefen meist die **Kurzform**:
*You **don't** know Sally Wood, do you?*
*Tom **doesn't** like curry.*
*I **didn't** enjoy the film much.*

Wir bilden das ***present*** und das ***past*** von *do* wie folgt:

Present **(Präsens)**

bejaht lang	**verneint** lang	 kurz
*I **do***	*I do not*	*I don't*
*you **do***	*you do not*	*you don't*
*he **does***	*he does not*	*he doesn't*
*she **does***	*she does not*	*she doesn't*
*it **does***	*it does not*	*it doesn't*
*we **do***	*we do not*	*we don't*
*you **do***	*you do not*	*you don't*
*they **do***	*they do not*	*they don't*

Past **(Präteritum/Imperfekt)**

Das *past* von *do* heißt ***did***. Die verneinte Form ist ***did not*** (Langform) bzw. ***didn't*** (Kurzform). Dies gilt **bei allen Personen**.

Die **Partizipien** von *do* lauten:

doing -*ing*-Form (Partizip Präsens)
done 3. Form (Partizip Perfekt)

Das Vollverb
Full verbs

Das Präsens
The present

Das *simple present*

① Tom **lives** in Southport but he **works** in Liverpool.
② I **take** the train to Liverpool every morning.
③ In the evening the Greens usually **watch** television.
④ Tom **doesn't go** (does not go) to work by bus.
⑤ Tom, **do you go** to work by car or by train?

Mit **Ausnahme der 3. Person Singular** hat bei Vollverben das *simple present* immer dieselbe Form wie der Infinitiv. Bei *he/she/it* wird ein *-s* angehängt.

Beachte diese **Schreibregeln** beim Anhängen von *-s*:

- Bei einem **Zischlaut** – *-ch, -sh, -ss, -x* – benutzen wir ***-es***:

teach → *teaches* /ti:tʃɪs/
wash → *washes* /wɒʃɪs/
miss → *misses* /mɪsɪs/
fix → *fixes* /fɪksɪs/

- Das *-y* nach einem **Konsonanten** wird zum ***-i***. Hinzu kommt ***-es***:

fly → *flies* /flaɪz/
try → *tries*

- Das *-y* nach einem **Vokal** bleibt dagegen unverändert:

buy → *buys*
stay → *stays*

Ist kein Hilfsverb im Satz vorhanden, bilden wir die **Verneinung** mit *do not (don't)/does not (doesn't)*. ④

Beachte: Das **Vollverb** steht bei der Verneinung immer im **Infinitiv**.

◆ Gibt es kein Hilfsverb im Satz, werden **Fragen** ebenfalls mit *do*/*does* gebildet. ⑤

➔ **Beachte:** Bei **Fragen** mit ***what?*** und ***who?*** verfahren wir anders.
Ist *what?* bzw. *who?* das **Subjekt** des Satzes, dann benötigen wir **kein Hilfsverb**, um Fragen zu bilden:
What happens *when you are late for school?*
Who teaches *you English?*

Ist aber das Fragewort das **Objekt** des Satzes, dann bilden wir Fragen **mit einem Hilfsverb**, also wie gewöhnlich:
What does this word mean *in English?*
Who do you like *best, Tom or Ben?*

◆ Wir benutzen das *simple present*, um zu sagen, was immer so ist ① oder was man immer wieder macht ② ③.

➔ **Beachte:** Die folgenden **Zeitangaben** kommen sehr häufig mit dem *simple present* vor:
always, never
often, seldom/rarely (selten), *sometimes, now and then* (ab und zu)
usually, normally, regularly, generally (im Allgemeinen), *as a rule* (in der Regel)
every day/week/month/...
on Mondays/...
at weekends/Christmas/...

➔ **Beachte:** Grundsätzlich benutzen wir das *simple present*, um über den Inhalt von Texten – hier J. B. Priestley's *An Inspector Calls* – zu sprechen:
*The policeman **visits** the Birlings and **tells** them about the girl's suicide. He **questions** each member of the family and **shows** that they **are** all partly responsible* (verantwortlich) *for her death.*

Das *present progressive*

Tom **is washing** his car at the moment.

Wir bilden das *present progressive* mit ***am/is/are* + *-ing*-Form des Vollverbs**.

Beachte diese **Schreibregeln**:

- Bei Verben, die auf *-e* enden, lassen wir bei der Bildung der *-ing*-Form den Endbuchstaben ***-e* weg**:
  come → *com**ing***
  make → *mak**ing***
- Bei Verben, die auf ***-ie*** enden, wird das *-ie* zum ***-y***:
  die → *d**y**ing*
  lie → *l**y**ing*
- Bei Verben, die mit einem kurzen Vokal + folgendem Konsonanten wie *-m, -n, -p* oder *-t* enden, wird der **Konsonant verdoppelt**:
  run → *ru**nn**ing*
  stop → *sto**pp**ing*
  put → *pu**tt**ing*

Da beim present progressive immer ein Hilfsverb – *am/is/are* – vorhanden ist, wird die **Verneinung mit *not/n't*** gebildet.

I am not feeling *very well at present.*

Um **Fragen** zu bilden, tauschen wir *am/is/are* und das Subjekt einfach aus.

*Where **is Helen working** now?*

Wir benutzen das *present progressive*, um zu sagen, was **im Moment** des Sprechens oder Schreibens tatsächlich passiert. Im Deutschen gibt es keine vergleichbare Verbform; wir benutzen stattdessen Ausdrücke wie „gerade“, „dabei sein, etwas zu tun“.

Wir verwenden das *present progressive* **auch** für **vorübergehende Ausnahmen.**

*We **normally** go out on Friday evenings, **but today we are staying** at home.*

Beachte: Das *present progressive* kommt häufig mit den **Zeitangaben** *at present* (zur Zeit), *at the moment* und *now* vor.

Beachte: Die folgenden Verben haben **keine** *progressive*-Form:
be, believe (glauben), *dislike* (nicht mögen), *hate, know, like, love, mean* (bedeuten), *notice* (bemerken), *see, seem* (scheinen), *want, wish* (wünschen)

Das *present perfect*

① Tom **has bought** a new bike. It's American.
② Mr and Mrs Coe **have lived** here for over 50 years.
③ The bus still **has not/hasn't come**. It's late again.
④ **Have** you **seen** the film at the ABC yet?
⑤ I **have finished** my homework. I can come now.
⑥ Helen isn't here. She **has** just **gone** home.

Wir bilden das *present perfect* mit dem Hilfsverb ***have/has*** + **Partizip Perfekt** (3. Form). ① ②
Bei **regelmäßigen Verben** hat das Partizip **dieselbe Form** wie die des *simple past*, also **Infinitiv + *-ed***. ② ⑤ (↗ Schreibweise der *-ed*-Form S. 46)
Die **unregelmäßigen Verben** dagegen haben eine **besondere Form**, die man sich einfach merken muss. ① ③ ④ ⑥ (↗ Verzeichnis der unregelmäßigen Verben S. 95)
Die **Verneinung** wird durch das **Einfügen von *not/n't*** unmittelbar nach dem Hilfsverb *have/has* gebildet. ③
Um **Fragen** zu bilden, tauschen wir *have/has* und das Subjekt einfach aus. ④

Wenn wir sagen, dass etwas in der **Vergangenheit** geschehen ist, **ohne den Zeitpunkt des Geschehens zu nennen**, benutzen wir das *present perfect*. ①
Oft benutzen wir das *present perfect* für **Handlungen bzw. Situationen**, die in der Vergangenheit angefangen haben, aber noch andauern. Sie sind also **noch nicht abgeschlossen**. ② ③ ④ (Typische Zeitangaben bei diesem Gebrauch des *present perfect* ↗ folgende Seite.)

Beachte: Bei diesem Gebrauch tritt das *present perfect* oft mit den folgenden **Zeitangaben** auf:

before	(hier:) bisher	
for	seit	(**Dauer**, *for two hours*)
since	seit	(**Zeitpunkt**, *since 7 o'clock*)
already	schon	
yet	bis jetzt	
not yet	bis jetzt noch nicht	
ever	jemals	
never	bisher noch nie	
so far	bisher	
still not	immer noch nicht	
till (until) now	bis jetzt	
up to now	bis jetzt	

Fehlerquelle: In solchen Fällen benutzen wir im Deutschen das Präsens.
*I **have lived** here for three years.*
Ich wohne hier seit drei Jahren.

Wir benutzen das *present perfect* auch, wenn wir über die **Auswirkung einer Handlung** sprechen wollen. Nur das **gegenwärtige Ergebnis** interessiert uns ⑤ ⑥. Dieser Gebrauch des *present perfect* wird häufig durch die Zeitangabe *just* (soeben, gerade) signalisiert ⑥.

Beachte weiter, dass das *present perfect* häufig in **Fragen** mit *yet* ④ und *ever* (schon einmal) sowie in **negativen Aussagen** mit *not ... yet* (noch nicht) und *never* vorkommt:
*Has Tom **ever** been to the USA?*
War Tom jemals in den USA?
*They have**n't** done their homework **yet**.*
Sie haben ihre Hausaufgaben noch nicht gemacht.
*I have **never** heard such a silly idea.*
Ich habe noch nie so eine dumme Idee gehört.

Das *present perfect progressive*

① I **have been waiting** to see the boss for nearly two hours.
② Tom **has been talking** on the phone since 9 o'clock.
③ They **have not/n't been working** here very long.
④ **Have** you **been watching** TV the whole afternoon?

Wir bilden das *present perfect progressive* mit ***have/has* + *been* + *-ing*-Form des Vollverbs**. (↗ Schreibweise der *-ing*-Form S. 46)
Die **Verneinung** wird durch das Einfügen von *not/n't* unmittelbar nach dem Hilfsverb *have/has* gebildet. ③
Um **Fragen** zu bilden, tauschen wir das Hilfsverb *have/has* und das Subjekt einfach aus. ④
Wir benutzen das *present perfect progressive* für **länger andauernde**, zeitlich gestreckte **Handlungen und Situationen**, die in der Vergangenheit angefangen haben und **zum Zeitpunkt des Sprechens noch andauern**.

Fehlerquelle: Im Deutschen benutzen wir in solchen Fällen meist das Präsens mit „schon", um zu verdeutlichen, dass die Handlung bereits länger andauert:
I have been waiting for the bus since 2 o'clock.
Ich warte schon seit 2 Uhr auf den Bus.
Sally has been learning German for five years.
Sally lernt schon seit fünf Jahren Deutsch.

Beachte: Einige Verben haben **keine** *progressive*-Form (↗ S. 47):

be	*mean*
believe	*notice*
dislike	*see*
hate	*seem*
know	*want*
like	*wish*
love	

Die Vergangenheit
The past

Das *simple past*

① Our team **played** very well last Saturday.
② Tom **bought** a new bike yesterday.

Beim *simple past* unterscheiden wir zwischen **regelmäßigen** und **unregelmäßigen** Verben.
Bei den **regelmäßigen Verben** hängen wir bei allen Personen ein ***-ed*** an den Infinitiv an. ①
Die **unregelmäßigen Verben** dagegen haben eine besondere Form, die man sich einfach merken muss. ② (↗ Unregelmäßige Verben S. 105)

Beachte: Beim **Anhängen von *-ed*** gibt es folgende **Schreibregeln**:

- Ein **stummes** (= nicht ausgesprochenes) ***-e*** fällt weg:

bake	→	*bak**ed***	/beɪk t/
live	→	*liv**ed***	/lɪv d/
move	→	*mov**ed***	/mu:v d/
phone	→	*phon**ed***	/fəʊn d/

- Das ***-y* nach einem Konsonanten** wird zum ***-i***:

*carr**y***	→	*carr**ied***	/'kæri d/
*hurr**y***	→	*hurr**ied***	/'hʌri d/
*tr**y***	→	*tr**ied***	/traɪ d/

- Endet dagegen das Verb auf ***-y* nach einem Vokal**, bleibt das ***-y*** unverändert:

*enjo**y***	→	*enjoy**ed***	/ɪn'dʒɔɪ d/
*pla**y***	→	*play**ed***	/pleɪ d/

- Mit Ausnahme von -x wird ein **Endkonsonant nach einem einfachen Vokal verdoppelt**:

*be**g***	→	*be**gg**ed*	/beg d/
*cla**p***	→	*cla**pp**ed*	/klæp d/
*fi**t***	→	*fi**tt**ed*	/fɪt ɪ d/

prefer	→	*preferred*	/prɪˈfɜ:(r) d/
rob	→	*robbed*	/rɒb d/
travel	→	*travelled*	/ˈtrævl d/

③ I **did not/didn't go** to school last week. I was ill.
④ **Did** you **see** that funny man?

Ist kein Hilfsverb im Satz vorhanden, bilden wir die **Verneinung** mit *did not (didn't).* ③

Beachte: Das Vollverb steht dabei immer im Infinitiv.

Gibt es kein Hilfsverb im Satz, werden **Fragen** ebenfalls mit *did* gebildet. ④

Beachte: Bei **Fragen mit *what?* und *who?*** verfahren wir anders.
Ist *what?* bzw. *who?* das **Subjekt** des Satzes, dann benötigen wir **kein Hilfsverb**, um Fragen zu bilden:
What happened *on your way home yesterday?*
Who taught *you English last year?*

Ist aber das Fragewort das **Objekt** des Satzes, dann bilden wir Fragen mit einem Hilfsverb, also wie gewöhnlich:
What did *you* ***watch*** *on TV yesterday?*
Who did *you* ***invite*** *to your party last Saturday?*

Wir benutzen das *simple past*, um **völlig abgeschlossene Handlungen in der Vergangenheit** zu schildern.

Beachte: Das *simple past* tritt häufig mit den folgenden **Zeitangaben** auf:
yesterday, the day before yesterday, the other day (neulich)
two/three/four/... days/weeks/months/... ago
last night/week/month/...
last January/spring/Christmas/...
in 1994/...
at this/that time (zu dieser/jener Zeit), *in those days* (damals)
when he was a boy, when she went to school usw.

Das *past progressive*

① We **were playing** football at 3 o'clock yesterday.
② I **was cleaning** the house all day last Monday.
③ When Tom arrived they **were having** lunch.
④ Ben **was not/wasn't working** when I saw him.
⑤ **Were** the police **stopping** all cars?

Wir bilden das *past progressive* mit ***was/were* + *-ing*-Form des Vollverbs.** (↗ Schreibweise der *-ing*-Form S. 46)
Da beim *past progressive* immer ein Hilfsverb – *was/were* – vorhanden ist, wird die **Verneinung** einfach mit *not/n't* gebildet. ④
Um **Fragen** zu bilden, tauschen wir *was/were* und das Subjekt einfach aus. ⑤

Möchten wir ausdrücken, dass **eine Handlung** zu einem bestimmten Zeitpunkt ① oder während eines bestimmten Zeitraumes ② **in der Vergangenheit im Gange** (= *in progress*) war, benutzen wir das *past progressive*.
Wollen wir verdeutlichen, dass **eine Handlung** schon im Gange war, als **ein neues Ereignis** (plötzlich) eintrat, verwenden wir ebenfalls das *past progressive*. ③
Einige Verben haben keine *progressive*-Form (↗ S. 47).

Das *past perfect*

① When we arrived at the cinema the film **had started**.
② By the time the police came the thieves **had driven away**.
③ They **had not/hadn't finished** the car when I phoned.
④ **Had** the train **left** when you got to the station?

Wir bilden das *past perfect* mit ***had*** + **Partizip Perfekt** (3. Form). Die Form ist bei allen Personen die gleiche.
Bei **regelmäßigen Verben** hat das Partizip Perfekt (3. Form) dieselbe Form wie das *simple past*, also **Infinitiv + *-ed***. ① ③
(↗ Schreibweise der *-ed*-Form S. 50)

Bei **unregelmäßigen Verben** dagegen hat das Partizip Perfekt eine besondere Form, die man sich einfach merken muss. ② ④ (↗ Unregelmäßige Verben S. 105)

Die **Verneinung** wird durch das Einfügen von *not*/*n't* unmittelbar nach dem Hilfsverb *had* gebildet. ③

Um **Fragen** zu bilden, tauschen wir das Hilfsverb *had* und das Subjekt einfach aus. ④

Wir benutzen das *past perfect*, um zu verdeutlichen, dass **eine Handlung in der Vergangenheit bereits abgeschlossen war**, als eine andere Handlung anfing.

Zum Vergleich:

When we got to school lessons ***began****. (simple past)*

Als wir zur Schule kamen, begann der Unterricht.

When we got to school lessons ***had begun****. (past perfect)*

Als wir zur Schule kamen, hatte der Unterricht (bereits) begonnen.

Das *past perfect progressive*

① I **had been sitting** in the train for an hour before it left the station.

② The workers **had been striking** for a month by the time they got more money.

③ We **had not/hadn't been waiting** long before the teacher arrived.

④ **Had** you **been living** in London long when you bought your house?

Wir bilden das *past perfect progressive* mit ***had*** + ***been*** + ***-ing*-Form des Vollverbs**. Die Form ist für alle Personen gleich. ① ②

Die **Verneinung** wird durch das Einfügen von *not*/*n't* unmittelbar nach dem Hilfsverb *had* gebildet. ③

Um **Fragen** zu bilden, tauschen wir das Hilfsverb *had* und das Subjekt einfach aus. ④

Wir benutzen das *past perfect progressive*, um zu sagen, dass eine in der Vergangenheit begonnene Handlung **bis zu einem bestimmten Zeitpunkt in der Vergangenheit** andauerte.

Das Futur
The future

Das Futur mit *will*

① In future good qualifications **will become** more and more important.
② I'm sure the EU **will grow** closer together.
③ We think that Tom and Sally **will marry** soon.
④ Of course Britain **will not/won't leave** the EU.
⑤ Oh, dear. It's raining. **Will** you **lend** me your umbrella?

Das Futur mit *will* bilden wir mit ***will*** **+ Infinitiv des Vollverbs**. Es hat für alle Personen die gleiche Form. ① ② ③
Die **Verneinung** wird durch das Einfügen von *not* unmittelbar nach *will* gebildet ④.

Beachte die **Kurzform** *won't* (= *will not*).

Um **Fragen** zu bilden, tauschen wir *will* und das Subjekt einfach aus ⑤.
Wir benutzen das *will*-Futur für

- zukünftige Situationen bzw. Ereignisse, die mit Sicherheit eintreten werden ①,
- Erwartungen, Vermutungen und Hoffnungen ② ③ ④,
- spontane, vorher nicht überlegte Entscheidungen ⑤.

Daher tritt das Futur mit *will* mit den folgenden **einleitenden Verben** besonders häufig auf:
believe (glauben)
expect (erwarten)
forecast (vorhersagen)
hope
imagine (hier: glauben)
suppose (vermuten)
think

Das Futur mit *going to*

① Helen **is going to buy** a new bike.
② Sally and Tom **are going to move** to London soon.
③ Look at the sky. It **is going to snow**.
④ I **am not going to look for** a job until after my holiday.
⑤ **Are** you **going to invite** Helen to your party?

Das Futur mit *going to* bilden wir mit ***am/is/are* + *going to* + Infinitiv des Vollverbs.** ① ② ③

Beachte: *going to* und der Infinitiv bleiben bei allen Personen unverändert.

Die **Verneinung** wird durch das Einfügen von *not* unmittelbar nach *am/is/are* gebildet ④.
Um **Fragen** zu bilden, tauschen wir *am/is/are* und das Subjekt einfach aus ⑤.
Wir benutzen das Futur mit *going to* für **zukünftige Pläne und Absichten.** ① ②
Wir verwenden das Futur mit *going to* **auch** für Ereignisse und Situationen, die bald eintreten werden. Dies ist besonders der Fall, wenn **im Augenblick des Sprechens** eindeutige Anzeichen dafür bereits gegeben sind. ③

Das *present progressive* mit zukünftiger Bedeutung

① We **are giving** a party **at the weekend.**
② Tom **is not/isn't leaving** school **in July**.
③ **Are** you **going** to the football match **on Saturday**?

Das *present progressive* mit zukünftiger Bedeutung tritt **immer** mit einem **Adverb der zukünftigen Zeit** auf.
(↗ Bildung des *present progressive* S. 42)
In dieser Bedeutung benutzen wir das *present progressive*, um **schon entschiedene Pläne und Verabredungen** auszudrücken. ① ② ③

Das *simple present* mit zukünftiger Bedeutung

① My train **leaves at 3.35 pm on Sunday**.
② I can't come until 4. We **have got Sport next Friday**.
③ Don't forget the film **starts at 7.30 tomorrow**.

Das *simple present* mit zukünftiger Bedeutung tritt **immer** mit einer geeigneten **Zeitangabe** der zukünftigen Zeit auf.
(↗ Bildung des *simple present* S. 44)
Genau wie im Deutschen benutzen wir auch im Englischen das *simple present* mit einer adverbialen Bestimmung der Zeit, um **fest terminierte** Vorgänge (Fahrpläne ①, Stundenpläne ②, Programme ③ usw.) anzugeben.

Das *future progressive*

① I **will be earning** more money soon.
② This time next year she **will be visiting** her parents in Chicago.
③ In future, people **will not/won't be keeping** the same job for the whole of their working life.
④ **Will** you **be spending** all your time in the office from now on?

Wir bilden das *future progressive* mit ***will be*** **+ *-ing*-Form des Vollverbs**. Die Form ist bei allen Personen gleich. ① ②
Die **Verneinung** wird durch das Einfügen von *not* unmittelbar nach *will* gebildet ③.
Um **Fragen** zu bilden, tauschen wir *will* und das Subjekt einfach aus ④.
Wir benutzen das *future progressive* für **andauernde Situationen und Handlungen in der Zukunft**. ①-④

Das *future perfect*

① You can collect the car at 5. The mechanic **will have repaired** it by then.
② I'm sorry, but can you come back in an hour? We **will not/won't have finished** your car before 6.
③ **Will** Susan **have done** her exams by the end of July?

Wir bilden das *future perfect* mit ***will have*** + **Partizip Perfekt** (3. Form). Die Form ist dieselbe für alle Personen. ①
Bei **regelmäßigen Verben** hat das Partizip Perfekt dieselbe Form wie die des *simple past*, also Infinitiv + *-ed*. ① ②
(↗ Schreibweise der *-ed*-Form S. 50)
Die **unregelmäßigen Verben** dagegen haben eine besondere Form, die man sich einfach merken muss. ③ (↗ Unregelmäßige Verben S. 105)
Die **Verneinung** wird durch das Einfügen von *not* unmittelbar nach *will* gebildet ②.

Beachte die **Kurzform** *won't* (= *will not*).

Um **Fragen** zu bilden, tauschen wir *will* und das Subjekt einfach aus ③.
Wir benutzen das *future perfect*, wenn eine Handlung zu einem gegebenen Zeitpunkt **in der Zukunft abgeschlossen** sein wird. ① ② ③

Beachte Das *future perfect* wird häufig mit bestimmten **Zeitangaben** benutzt. Dazu gehören:
by Christmas
before next July
until August
by the end of next year

Das deutsche Verb „lassen" auf Englisch

The German verb „lassen" in English

① Mrs Adams **didn't let us go** home early.
② My dad **allows me to stay up** as long as I want.
③ Tom **made Ben finish** the report before lunch.
④ The hijacker **forced the pilot to land.**
⑤ **I'll have the car repaired** immediately.
⑥ **Did** you **get the meal delivered** or did you cook it?

Im Deutschen hat das Verb „lassen" mehrere Bedeutungen, die im Englischen mit verschiedenen Verben ausgedrückt werden müssen.

- Bedeutet „lassen" „zulassen" oder „erlauben", benutzen wir im Englischen das Muster
  (not) let* + Objekt + Infinitiv ohne *to ①
  oder das Muster
  ***(not) allow* + Objekt + *to*-Infinitiv** ②
  ① *not **let** us go*
  ② ***allows** me **to** stay up*
- Wird „lassen" im Sinne von „veranlassen" oder „jemanden zwingen, etwas zu tun" gebraucht, benutzen wir im Englischen
  make* + Objekt + Infinitiv ohne *to ③
  oder – verstärkt –
  ***force* + Objekt + *to*-Infinitiv** ④
  ③ ***made** Ben finish*
  ④ ***forced** the pilot **to** land*
- „Lassen" in der Bedeutung von „etwas erledigen/machen lassen" wird im Englischen mit
  ***have* + Objekt + Partizip Perfekt** (3. Form) ⑤
  ausgedrückt.
  ⑤ ***will have** the car repair**ed***

Beachte: In der **Umgangssprache** können wir statt *have* ***get*** benutzen. ⑥

Modale Hilfsverben

Modal auxiliaries

Wichtige Merkmale

Important features

Möchten wir sagen, was geschehen **kann, muss, darf, soll** usw., benutzen wir ein modales Hilfsverb in Verbindung mit einem Vollverb.
Das **Hilfsverb** wird immer mit dem **Infinitiv des Vollverbs ohne *to*** verwendet:
*You **can go** home now.*
*You **must finish** your homework.*

Fehlerquelle: Anders als im Deutschen steht das Hilfsverb **nie ohne Vollverb**:
*Tom **can speak** German.*
Tom kann Deutsch.
*I **must go** now.*
Ich muss jetzt weg.
***May** I **go** to the cinema?*
Darf ich ins Kino?

Modale Hilfsverben haben die gleiche Form bei allen Personen. Anders als bei Vollverben hat die 3. Person Singular *(he/she/it)* **keine *s*-Endung**:
***She can** play the piano very well.*
Genau wie bei den Hilfsverben *be, have* und *do* bilden wir die **Verneinung** und **Fragen** ohne *do/does/did*:
*Bob **cannot dance**.*
***Can** Lars **speak** English?*
Mit Ausnahme von *may* und *might* können wir die **Verneinung** mit ***n't*** *(not)* abkürzen:
*Bob **can't** (cannot) dance.*
***Couldn't** you ask your teacher?*
*You **mustn't** (must not) eat during lessons.*

Wir können die modalen Hilfsverben **nur** im **Präsens** und mit **zukünftiger Bedeutung** gebrauchen:

*You **can watch** TV **now**.*	Präsens
*We **can visit** you **next Friday**.*	Zukunft
*I **must do** my homework **now**.*	Präsens
*I **must wash** the car **tomorrow**.*	Zukunft

Beachte: Möchten wir ein modales Hilfsverb z. B. in der **Vergangenheit** *(past)* benutzen, müssen wir ein geeignetes **Ersatzverb** *(substitute)* einsetzen:
*I **had to walk** to school this morning.*
*We **weren't allowed to watch** TV yesterday.*

Übersicht der modalen Hilfsverben nach Gebrauch
Review of modal auxiliaries by use

Gebrauch	Modale(s) Hilfsverb(en)
Fähigkeit *(ability)*	*Tom **can** swim.* Tom kann schwimmen.
Möglichkeit *(possibility)*	*It **may/might/could** rain later.* Nachher könnte es regnen.
Bitte *(request)*	***Can/May** I open a window?* Kann/Darf ich ein Fenster öffnen?
Erlaubnis *(permission)*	*You **can/may** watch TV now.* Jetzt kannst/darfst Du fernsehen.
Verbot *(ban)*	*You **mustn't** be late.* Du darfst nicht zu spät sein.
Pflicht *(obligation)*	*You **must** learn these words.* Du musst diese Wörter lernen.
Wahl *(option)*	*You **needn't** make the beds.* Du musst nicht die Betten machen.
Empfehlung *(recommendation)*	*You **should/ought to/must** see a doctor.* Du solltest/musst einen Arzt aufsuchen.

Der Gebrauch im Einzelnen

Use in detail

Can/could, be able to, be allowed to

① Helen **can drive** a car.
② You **can watch** the late movie.
③ **Can** I **close** the window, please?

Genau wie bei dem deutschen Modalverb „können" benutzen wir *can*, um **Fähigkeit** ①, **Erlaubnis** ② und **Bitten** ③ auszudrücken.
Möchten wir eine **Möglichkeit** ausdrücken, benutzen wir (neben anderen Formulierungen) *could*.
*Be careful. You **could fall**.*
Sprechen wir über eine **Fähigkeit** in der **Vergangenheit**, benutzen wir *could*.
*Tom **could speak** German when he was 6.*
Möchten wir jedoch eine **Erlaubnis** in der **Vergangenheit** ausdrücken, benutzen wir das **Ersatzverb** *was/were allowed to*.
*We **were allowed to watch** the late movie yesterday.*

④ I **can't come** before 10 tomorrow.
⑤ I **won't be able to come** before 10 tomorrow.
⑥ **Can** we **go** home early next Friday?
⑦ **Will** we **be allowed to go** home early next Friday?

Um über etwas in der **Zukunft** zu sprechen, können wir entweder benutzen:

- *can* mit zukünftiger Bedeutung ④ ⑥ oder die Ersatzverben
- *will be able to* (Fähigkeit) ⑤ und
- *will be allowed to* (Erlaubnis) ⑦.

Die Verben *be able to* und *be allowed to* können auch in der Gegenwart und der Vergangenheit benutzt werden.

Must/have to, needn't/not have to, mustn't

① You **must give back** books after 14 days.
② People **must protect** nature.
③ You **must be** mad to drink and drive.
④ We **needn't** go to school today.
⑤ You **mustn't drive** faster than 30 kph here.
⑥ Helen **must/will have to go** to the dentist's soon.
Helen **will have to go** to the dentist's soon.
⑦ I **had to go** home early yesterday.

	Gebrauch	deutsche Bedeutung
must	Zwang ① bzw. dringende Notwendigkeit ②, Schlussfolgerung ③	müssen
needn't	kein Zwang bzw. keine Notwendigkeit ④	nicht brauchen, nicht müssen
mustn't	Verbot ⑤	nicht dürfen

Wir benutzen das Modalverb *must* nur im Präsens.
Möchten wir über die **Zukunft** reden, können wir entweder *must* mit zukünftiger Bedeutung oder das Ersatzverb *will have to* benutzen. ⑥
Wollen wir über die **Vergangenheit** reden, verwenden wir das Ersatzverb *had to*. ⑦

Fehlerquelle: Die **Verneinung** von *must* ist ***needn't*** (wird also auf keinen Fall mit *must* gebildet).

Beachte: Wir können das Problem mit *must* bzw. *needn't* sehr leicht vermeiden, indem wir immer *have to* bzw. *not have to* benutzen:
*I **must/have to go** to the dentist's.*
*You **needn't/don't have to do** this exercise.*

May, might

① A lot of people **may lose** their jobs.
② You **may see** the doctor now.
③ **May I speak** to Mr Adams, please?
④ We **might see** each other on Saturday.
⑤ **Might I have** another cup of tea, please?

Wir benutzen *may*, um **Möglichkeit** ①, **Erlaubnis** ② und **höfliche Bitten** ③ auszudrücken.
Wollen wir eine **entferntere Möglichkeit** ④ oder eine **extrem höfliche Bitte** ⑤ ausdrücken, können wir *might* benutzen.

Should, ought to

① You **should stop/ought to stop** smoking, Tom.
② We **should visit/ought to visit** old Mr Coe today.
③ You **must work** harder, Brenda.

Die Modalverben *should* und *ought to* entsprechen dem deutschen Modalverb „sollten".
Should und *ought to* haben die gleiche Bedeutung. Wir benutzen sie, um eine **Empfehlung** auszudrücken. ① ②
Wollen wir einer Empfehlung **zusätzlichen Nachdruck** verleihen, können wir ***must*** statt *should/ought to* verwenden. ③

Das Passiv

The passive

Die Zeitformen des Passivs

Form of passive tenses

① English **is spoken** all over the world.
② This church **was built** in the 9th century.
③ The post **has not/hasn't been delivered** yet.
④ **Was** your computer **made** in the USA?
⑤ The bike **must be returned** by 6 o'clock.

Is spoken, was built, has not been delivered usw. sind Formen des Passivs.

Wir bilden das Passiv mit einer **Form von *be* und dem Partizip Perfekt** (3. Form).

Zeit	Form von *be*	+ Partizip
simple present ①	*am/is/are*	*played*
present progressive	*am/is/are being*	*taught*
simple past ② ④	*was/were*	*stolen*
past progressive	*was/were being*	*decorated*
present perfect ③	*have/has been*	*lost*
past perfect	*had been*	*repaired*
***will*-Futur**	*will be*	*opened*
***going to*-Futur**	*am/is/are going to be*	*sent*

Da beim Passiv immer ein Hilfsverb (eine Form von *be)* vorhanden ist, wird die **Verneinung** mit *not/n't* ③ gebildet. **Fragen** werden durch die Umstellung von Subjekt und Hilfsverb gebildet ④.

Mit **modalen Hilfsverben** ⑤ werden Passivsätze so gebildet:

Subjekt	Modalverb	*be*	Partizip	andere Teile
The bike	*must*	*be*	*returned*	*by 6.*
Drinks	*can*	*be*	*bought*	*at the kiosk.*
Cars	*should not*	*be*	*parked*	*here.*

Nach dem modalen Hilfsverb folgen der **Infinitiv von *be* (ohne *to*!)** und das **Partizip Perfekt** (3. Form) des Vollverbs.

Der Gebrauch des Passivs
Use of the passive

① The drugs **were found** in a London flat.
② Police said they **had been imported** from Holland.

Ist der **Verursacher einer Handlung unbekannt oder zweitrangig**, benutzen wir das Passiv. Die **Tat** – nicht also der Täter – steht im Vordergrund.

Beachte: Das Passiv kommt viel häufiger im Englischen als im Deutschen vor. Oft benutzen wir im Deutschen das Aktiv mit „man", wenn im Englischen das Passiv verwendet wird:
*Valuables **can be given in** at the reception desk.*
Man kann Wertsachen an der Rezeption **abgeben**.

Das *by-agent*

① Tom Sawyer was written **by Mark Twain**.
② The first rocket was built **by German scientists** in 1944.
③ The fire was caused **by a cigarette**.

Wollen wir den **Verursacher** eines Vorganges in einem Passivsatz angeben, benutzen wir einen ***by-agent***.
In der Regel wird der *by-agent* eine namentlich erwähnte **Person** ① bzw. **Gruppe** ② sein oder die **sachliche Ursache** des Vorganges darstellen ③.

Fehlerquelle: Der „Agent" wird immer mit *by* – **auf keinen Fall** mit *from* – gebildet.

Verben mit zwei Objekten

Verbs with two objects

① He sent **her a postcard.** (Aktiv)
② **She** was sent **a postcard.** (Passiv)

In Satz ① hat das Verb *sent* zwei Objekte, ein **direktes Objekt** – *a postcard* („wen oder was?") – und ein **indirektes Objekt** – her („wem oder was?").

Ist der Verursacher unbekannt bzw. nicht so wichtig oder soll das indirekte Objekt betont werden, können wir einen Passivsatz bilden.
Dies erfolgt, indem das **indirekte Objekt** des Aktivsatzes *(her)* zum **Subjekt** des Passivsatzes *(she)* wird. Das **direkte Objekt** *(a postcard)* bleibt dabei als einziges Objekt des neuen Satzes erhalten.

Beachte: **Verben**, die oft zwei Objekte haben, sind: *ask, give, offer* (anbieten), *promise* (versprechen), *send, show* (zeigen), *tell* (erzählen, mitteilen).

Das unpersönliche Passiv

The impersonal passive

① **It is said that** Britain might leave the EU.
② **It is claimed that** two people died in the accident.
③ **It is rumoured that** the school will be closed.

Das Satzmuster ***It is/was/has been* + Partizip Perfekt + *that*** ... nennen wir das unpersönliche Passiv. ① ② ③
Wir benutzen das unpersönliche Passiv mit **Verben des Sagens und Denkens** wie *believe* (glauben), *claim* (behaupten), *expect* (erwarten), *fear* (befürchten), *know, report, rumour* (munkeln), *say* und *think*.
Will der Sprecher sich möglichst **neutral und unbeteiligt** ausdrücken, kann er das unpersönliche Passiv verwenden. Daher kommt diese Struktur häufig in **Berichten** und **Gutachten** vor.

Der Infinitiv und die -ing-Form (Gerundium)

The infinitive and the -ing-form (gerund)

Der Infinitiv und die -*ing*-Form nach bestimmten Verben

The infinitive and the -ing-form after certain verbs

① Tom and Helen **hope to go** on holiday soon.
② I'll **try to phone** you at the weekend.
③ I **enjoy cycling** and **walking** very much.
④ Do you really **like watching** TV?

Häufig benutzen wir ein Verb – z. B. *hope* ①, *try* ②, *enjoy* ③ und *like* ④ – in Kombination mit anderen Verben.
Im Deutschen ist dies problemlos, da wir immer den Infinitiv verwenden:
Ben plans to go to university.
Ben beabsichtigt, die Universität **zu besuchen**.
Some people avoid paying tax altogether.
Einige Leute vermeiden, Steuern überhaupt **zu zahlen**.
Im Englischen dagegen benötigt eine Gruppe von Verben den **Infinitiv mit *to*** ① ② und eine andere Gruppe die **-*ing*-Form (Gerundium)** ③ ④.

Beachte: Leider gibt es keine Regel, die die beiden Verbgruppen auf Anhieb bestimmt. Daher bleibt euch nichts anderes übrig, als die folgenden Listen **auswendig** zu lernen.

Verb + Infinitiv mit *to*

afford	*I can't afford to buy a car.*	sich leisten
choose	*Jenny chose to stay single.*	wählen
decide	*I have decided to take the job.*	entscheiden
expect	*I expect to see Tom tonight.*	erwarten
hope	*Ben hopes to marry soon.*	hoffen
intend	*We intend to have children.*	beabsichtigen
mean	*I mean to find a job now.*	etwas vorhaben

plan	*We plan to go away in July.*	planen
promise	*Please promise to be careful.*	versprechen
refuse	*I refuse to work on Sundays.*	verweigern
try	*Try to be home by 10.*	versuchen
want	*They want to move to York.*	wollen

Verb + *-ing*-Form (Gerundium = *gerund*)

admit	*He admits stealing the money.*	zugeben
avoid	*Ann avoids meeting Ben now.*	vermeiden
consider	*Ann considered moving away.*	sich überlegen
delay	*Tom delayed seeing a doctor.*	verschieben
deny	*Fred denied taking the money.*	verneinen
dislike	*I dislike driving.*	nicht mögen
enjoy	*We enjoy going to the theatre.*	genießen
finish	*Let me finish cooking supper.*	beenden
hate	*We hate playing cards.*	hassen
imagine	*Imagine winning $1 million!*	sich vorstellen
keep	*He keeps shouting at his wife.*	etwas dauernd tun
like	*They like listening to music.*	mögen
love	*I love sitting in the garden.*	sehr mögen
mention	*Did Ann mention seeing me?*	erwähnen
mind	*Do you mind waiting?*	etw. dagegen haben
miss	*We missed seeing that film.*	versäumen
practise	*He often practises singing.*	üben
prefer	*Ben prefers getting up early.*	vorziehen
risk	*Don't risk losing the match.*	riskieren
suggest	*I suggest selling the house.*	vorschlagen

Der Infinitiv oder die *-ing*-Form je nach Bedeutung

The infinitive or the -ing-form according to meaning

Eine kleine Zahl von Verben kann **je nach Bedeutung** mit der ***-ing*-Form** (Gerundium) oder mit dem ***to*-Infinitiv** verwendet werden.

Bei ***forget*** (vergessen), ***regret*** (bedauern) und ***remembe***r (sich erinnern) hat die unterschiedliche Bedeutung mit der Zeit der Äußerung zu tun. Bezieht sich der Satz auf die **Vergangenheit**, verwenden wir die drei Verben mit der ***-ing*-Form**. ① ③ ⑤

Handelt es sich dagegen um die **Gegenwart** oder die **Zukunft**, steht das nachfolgende Verb im **Infinitiv**. ② ④ ⑥

① I'll never **forget meeting** my wife for the first time.
(Ich werde nie vergessen, wie ich meine Frau zum ersten Mal getroffen habe.)

② Don't **forget to go** to the bank, please.
(Vergiss bitte nicht, zur Bank zu gehen.)

③ We **regret selling** the house but we need the money.
(Wir bedauern, unser Haus verkauft zu haben, aber wir brauchen das Geld.)

④ I **regret to tell** you that your dog died last night.
(Leider muss ich Ihnen mitteilen, dass Ihr Hund letzte Nacht gestorben ist.)

⑤ Do you **remember visiting** Bayeux in 1987?
(Erinnerst du dich, wie wir 1987 Bayeux besuchten?)

⑥ **Remember to buy** some milk, okay?
(Denk daran, Milch zu kaufen, ja?)

Bedeutet ***stop*** „aufhören, etwas zu tun“, steht das angeschlossene Verb in der ***-ing*-Form** (Gerundium). ⑦

Wenn ***stop*** „kurz anhalten, um etwas anderes zu tun“ bedeutet, dann folgt ein Verb im **Infinitiv**. ⑧

Die *-ing*-Form nach Präpositionen

The -ing-form after prepositions

① Ted must **stop smoking** or he'll be ill.
(Ted muss aufhören zu rauchen, sonst wird er krank.)
② We **stopped to get** some petrol in Venlo.
Wir hielten an, um in Venlo zu tanken.
③ Why don't you **try asking** for help?
(Warum probierst du nicht mal, um Hilfe zu bitten?)
④ I **tried to ring** but my mobile was broken.
(Ich versuchte anzurufen, aber mein Handy war kaputt.)
⑤ If we don't go shopping, it **will mean eating** out.
(Kaufen wir nicht ein, müssen wir essen gehen.)
⑥ I **mean to speak** to Mr Davis about my mark.
(Ich bin fest dazu entschlossen, Mr Davis auf meine Note anzusprechen.)

Bedeutet ***try*** „ein Versuch, etwas Neues zu tun", steht das angeschlossene Verb in der ***-ing*-Form** (Gerundium). ③
Bedeutet ***try*** „ein vergeblicher Versuch, etwas zu tun", dann folgt ein Verb im **Infinitiv**. ④

Bedeutet ***mean*** „das bedeutet, dass etwas anders getan werden muss", steht das angeschlossene Verb in der ***-ing*-Form** (Gerundium). ⑤
Bedeutet ***mean*** „zu beabsichtigen, etwas sicherlich zu tun", dann folgt ein Verb im **Infinitiv**. ⑥

Wir benutzen **immer** die *-ing*-**Form (Gerundium) nach Präpositionen**. Diese Regel gilt nicht nur für Präpositionen, die alleine stehen ①, sondern auch für **Zusammensetzungen** aus

Verb + Präposition ②,
Nomen + Präposition ③,
Adjektiv + Präposition ④.

① I joined Greenpeace **after seeing** a report on TV.
② We**'re looking forward to going** on holiday.
③ I don't like **the idea of changing** my job.
④ Are you **interested in learning** German?

Fehlerquelle: Ist ***to*** Teil des Infinitivs – *to go, to play, to laugh* usw. –, ist es keine Präposition. Daher:
*Please try **to finish** the job by Monday.*

Die *-ing*-Form nach bestimmten Redewendungen

The -ing-form after certain idioms

① **It's no good asking** again. The answer's No!
② **How about eating** at a restaurant tonight?

Einige feste Redewendungen — wie z. B. *It's no good ...* (es hat keinen Zweck) ① und *How about ...?* (wie wäre es mit ...?) ② benötigen immer die ***-ing*-Form** (Gerundium).

Wichtige Wendungen dieser Art sind:

It's no good waiting any longer.
It's no use repairing this camera.
It's worth seeing that film.
It's not worth saving nowadays.

(Weitere Beispiele ↗ folgende Seite)

How about inviting Janet to our party?
What about going out for a beer?

Fred is stupid **as well as** being lazy.
Do something useful, **like** feeding the dog.
Can you do something to help, **such as** opening the wine?

I can't help feeling that you are too strict with the children.

Das Partizip
Participles

Die Formen des Partizips
Forms of the participle

① The girl **standing** over there at the bus-stop is our neighbour.
② Carr & Co is the firm **bought** by the Japanese last year.

Das Partizip hat **zwei Formen**: das **Partizip Präsens** *(present participle)* ① und das **Partizip Perfekt** *(perfect participle)* ②.
Das **Partizip Präsens** wird durch Anhängen von *-ing* gebildet (↗ Schreibregeln der *ing*-Form S. 46).
Das **Partizip Perfekt** (3. Form) wird bei regelmäßigen Verben durch Anhängen von *-ed* gebildet (↗ Schreibregeln S. 50); unregelmäßige Verben haben eine besondere Form, die man sich einfach merken muss (↗ Unregelmäßige Verben S. 105).

Das Partizip Präsens nach Verben der Bewegung und der Ruhe
The present participle after verbs of motion and rest

① The car **came racing** down the road.
② The boys **ran shouting** out of the classroom.
③ Ben **goes fishing** every weekend.
④ We **sat talking** all night.
⑤ Helen **stood waiting** for the bus.
⑥ Tom **lay reading** on his bed.

Came ①, *ran* ② und *goes* ③ sind Verben der Bewegung; *sat* ④, *stood* ⑤, *lay* ⑥ sind Verben der Ruhe. Nach solchen Verben benutzen wir das **Partizip Präsens**, um auszudrücken, dass eine **zweite Handlung** – *racing* ①, *shouting* ②, *fishing* ③ usw. – **gleichzeitig** passiert.
Weiterer Gebrauch des Partizip Präsens ↗ folgende Seite.

Wir benutzen das **Partizip Präsens** auch nach dem Verb ***spend*** + **einem Zeitausdruck** *(expression of time)* im Sinne von „Zeit verbringen“.

*We **spend hours walking** the dog.*

Partizipien zur Verkürzung von notwendigen Relativsätzen

Using participles to shorten defining relative clauses

① The woman **who is sitting** at the bar is my wife.
The woman **sitting** at the bar is my wife.
② This is a firm **which is investing** in new technology.
This is a firm **investing** in new technology.
③ The man **that was arrested** by the police has escaped.
The man **arrested** by the police has escaped.
④ That is the house **that was damaged** in the storm.
That is the house **damaged** in the storm.

Ist das **Subjekt** eines Relativsatzes auch das Subjekt des Hauptsatzes ① – ④, können wir notwendige Relativsätze mit Hilfe eines Partizips verkürzen. (↗ Der Relativsatz S. 79)
Bei **Aktivsätzen** ① ② benutzen wir das **Partizip Präsens** (*-ing*-Form).
Bei **Passivsätzen** ③ ④ dagegen benutzen wir das **Partizip Perfekt** (3. Form). (↗ Das Passiv S. 64)

Partizipien zur Verkürzung von Adverbialsätzen
Using participles to shorten adverbial clauses

① **After we had got home**, we watched a video.
After getting home, we watched a video.
② **Because he missed his bus**, Tom arrived late.
Missing his bus, Tom arrived late.
③ I saw an accident **when I was travelling to work**.
I saw an accident **when travelling to work**.
④ **When dogs are treated well**, they behave well.
When treated well, **dogs** behave well.
⑤ **If these two chemicals are mixed**, they explode.
If mixed, **these two chemicals** explode.

Genau wie bei der Verkürzung von Relativsätzen (↗ S. 68) ist es nur dann möglich, Adverbialsätze zu verkürzen, wenn **das gleiche Subjekt** im Haupt- und Nebensatz vorkommt.
Bei **Aktivsätzen** ① ② ③ benutzen wir das **Partizip Präsens** (*-ing*-Form).
Bei **Passivsätzen** ④ ⑤ dagegen benutzen wir das **Partizip Perfekt** (3. Form).

Diese Art Verkürzung – also das Ersetzen von Nebensätzen durch Partizipien – kommt besonders häufig in knappen Medienberichten, technischen Beschreibungen usw. vor.

The body **which has been identified** as John Mason was found by a woman **who was taking** her dog for a walk.
The body **identified** as John Mason was found by a woman **taking** her dog for a walk.
After you have installed the program, reboot the computer.
After installing the program, reboot the computer.

Satzgefüge

Der if-Satz

If-sentences

Allgemeine Hinweise

① **If it rains**, we will stay at home.
We will stay at home **if it rains**.
② We **won't have** a picnic if it rains.

Ein *if*-Satz besteht aus zwei Teilen: einem ***if*-Teil** und einem **Hauptteil**. Der ***if*-Teil** drückt eine **Bedingung** aus, der **Hauptteil** eine **Folge**. ①
Der *if*-Teil kann vor oder nach dem Hauptteil stehen. Steht der ***if*-Teil** an erster Stelle, wird er von dem **Hauptteil** durch ein **Komma** (,) getrennt. ①
Je nach Sinn können wir den *if*-Teil, den Hauptteil ② oder beide Teile eines *if*-Satzes **verneinen**:
*If I **don't get** the job, I will move to York.*
Wenn ich die Stelle nicht bekomme, ziehe ich nach York um.
*If I get the job, I **won't move** to York.*
Wenn ich die Stelle bekomme, ziehe ich nicht nach York um.
*If I **don't get** the job, I **won't move** to York.*
Wenn ich die Stelle nicht bekomme, ziehe ich nicht nach York um.

Bei **Fragen** können wir nur den **Hauptteil** als Frage bilden. Dann steht der Hauptteil an erster Stelle.
***Will we have** a picnic if it rains?*

③ If it doesn't rain, we **can have** a picnic.
④ We **may have** a picnic if it doesn't rain.
⑤ If it is dry, you **should give** the plants some water.

Je nach Sinn können wir andere **modale Hilfsverben im Hauptteil** verwenden. ③ ④ ⑤

Die Zeitenfolge in *if*-Sätzen

Tense patterns in if-sentences

① If you **work** hard, you **will pass** the test.
② If you **worked** harder, you **would pass** the test.
③ If you **had worked** harder, you **would have passed** the test.

Es gibt **drei Typen** von *if*-Sätzen, die unterschiedliche Zeitenfolgen haben:

	if-Satz	Hauptsatz
Typ I	*if* + *simple present* + *can* *may*	*will*-Futur ①
Typ II	*if* + *simple past* + *could*	*would* + Infinitiv ② *might*
Typ III	*if* + *past perfect* +	*would have* + Partizip Perfekt ③ *could have* *might have*

Fehlerquelle: Weitaus die meisten Fehler werden dadurch verursacht, dass die Zeitenfolgen nicht eingehalten werden. Wichtig ist vor allem, dass ***will* und *would* nie im *if*-Teil** stehen.

Der Gebrauch von *if*-Sätzen
Use of if-sentences

① If you **give** me £10, I **will/can/may buy** a CD.
(Wenn du mir £10 gibst, werde ich/kann ich eine CD kaufen/kaufe ich vielleicht eine CD.)
② If you **gave** me £10, I **would/could/might buy** a CD.
(Wenn du mir £10 gäbest, würde ich/könnte ich/würde ich vielleicht eine CD kaufen.)
③ If you **had given** me £10, I **would/could/might have bought** a CD.
(Wenn du mir £10 gegeben hättest, hätte ich eine CD gekauft/hätte ich eine CD kaufen können/hätte ich vielleicht eine CD gekauft.)

Die drei Typen von if-Sätzen (↗ S. 77) unterscheiden sich gemäß der **Wahrscheinlichkeit der zu erwartenden Folge**:

Typ I Die Folge ist **sicher** bzw. sehr **wahrscheinlich**. ①

Typ II Die Folge ist **möglich**, aber **unwahrscheinlich**. ②

Typ III Die Folge ist **unmöglich**, da wir das Ergebnis schon kennen. ③

Beachte: Die Sätze der Typen I und II beziehen sich immer nur auf die Gegenwart oder auf die Zukunft. Dies kann besonders bei Sätzen des Typs II für Verwirrung sorgen, da das Verb im *if*-Satz im *simple past* steht.

*If you **worked** harder, you would pass the test.*
In diesem Fall entspricht diese Zeit jedoch nicht der Vergangenheit, sondern dem deutschen Konjunktiv (*subjunctive*): Wenn du (jetzt) härter arbeiten würdest ...

Der Relativsatz

Relative clauses

Relativsätze mit Relativpronomen

Relative clauses with a relative pronoun

① The girl **who spoke to me** is called Helen.
② This is the house **which we want to buy**.
③ The boy **that won the match** goes to our school.
④ The bike **that was stolen** belongs to my sister.

Ein Relativsatz ist ein **Nebensatz**, der durch ein **Relativpronomen** – *who, which, whose* – eingeleitet wird.
Wir benutzen Relativsätze, um einen Teil des Hauptsatzes durch zusätzliche Informationen genauer zu bestimmen.

*This is **the painting** from Spain **which** my mother bought recently.*

Für **Personen** benutzen wir das Relativpronomen ***who*** ① und für **Dinge** ***which*** ②.
Statt *who* und *which* können wir auch ***that*** für **Personen** ③ und **Dinge** ④ einsetzen.

Relativsätze mit *whose*

① Is Tom the man **whose mother lives in the USA**?
② Sally is the girl **whose brother once played for Manchester United.**
③ This is the house **whose owner died last week.**
④ Are these the letters **whose addresses are wrong**?

Um **Besitz/Zugehörigkeit** anzuzeigen, benutzen wir das Relativpronomen *whose* unmittelbar vor einem Nomen.
Wir benutzen *whose* für **Personen** ① ② und **Dinge** ③ ④.

Relativsätze ohne Relativpronomen

Contact clauses

① The car **which/that caused the accident** is brand new.
② The house **we bought** is 350 years old.

Ist das **Subjekt** im Hauptsatz und im Relativsatz **dasselbe**, benötigen wir ein **Relativpronomen**. ①
Ist dagegen das **Subjekt** des Hauptsatzes – *the house* – **ein anderes** als das Subjekt des Relativsatzes – *we* – ②, dann können wir das Relativpronomen weglassen.
Relativsätze ohne zwingende Relativpronomen nennen wir *contact clauses*. Im modernen Englisch lassen wir bei solchen Sätzen das **Relativpronomen möglichst weg**.

Relativsätze mit Präpositionen

Relative clauses with prepositions

① Helen is the girl **(that) I work with** every Saturday.
② Is this the tree Ben **ran into** with his car?
③ The CD **which** Pat **was listening to** belongs to me.
④ Was that the man who you **were talking to** just now?
⑤ The woman **to whom** I was talking is my sister.

Kommt eine Präposition in einem Relativsatz vor, steht sie – genau wie bei einem Hauptsatz – normalerweise **nach dem Verb**. ① – ④
Wird der Relativsatz mit *that* eingeleitet ① oder ohne ein Relativpronomen gebildet ②, **muss** die Präposition nachgestellt werden.
Bei Relativsätzen mit *which* ③ und *who* ④ **kann** die Präposition **vor** dem Pronomen stehen. Aus *who* wird dann *whom* ⑤. Solche Sätze wirken jedoch sehr formell.

Notwendige und nicht notwendige Relativsätze

Defining and non-defining relative clauses

① The man **who was arrested** had stolen a car.
② The car **which was stolen** belongs to my boss.
③ A woman, **who was out with her dog**, called the police.
④ The computer, **which was made in Japan**, works very fast.

In den ersten beiden Sätzen benötigen wir die Relativsätze *who was arrested* ① und *which was stolen* ②, um die Sätze als Ganzes zu verstehen. Die Relativsätze machen notwendige Angaben über die Person oder die Sache, um die es im Hauptsatz geht. Daher werden solche unentbehrlichen Relativsätze „notwendige Relativsätze“ *(defining relative clauses)* genannt.

Beachte: **Notwendige Relativsätze** werden immer **ohne trennende Kommas** benutzt.

In den letzten beiden Sätzen schildern die Relativsätze *who was out with her dog* ③ und *which was made in Japan* ④ Nebensächlichkeiten. Lassen wir die Relativsätze weg, können wir die Hauptsätze *A woman called the police* ③ und *The computer works very fast* ④ immer noch gut verstehen. Daher werden diese Relativsätze als „nicht notwendig“ *(non-defining)* bezeichnet.

Beachte: **Nicht notwendige Relativsätze** werden immer **durch Kommas** vom Hauptsatz getrennt.

Die indirekte Rede

Reported speech

Aussagen

Statements

Wollen wir einem Dritten berichten, was während eines Gespräches gesagt oder was geschrieben wurde, benutzen wir die indirekte Rede.
Wir benutzen dabei ein **einleitendes Verb** wie *say*, *tell*, *answer*, *think* usw., um zu zeigen, dass wir berichten. Die Anführungszeichen entfallen.

① Tom: "I **went** to the dentist's **yesterday**."
② Tom **says** (that) **he went** to the dentist's **the day before**.
③ Tom **told us** (that) **he had gone** to the dentist's **the day before**.

Um das ursprüngliche Gespräch inhaltlich präzise wiederzugeben, müssen wir in der indirekten Rede einige **Formulierungen ändern**. Bei diesen Änderungen handelt es sich um **Zeitangaben**, **Ortsangaben** und natürlich um die beteiligten bzw. erwähnten **Personen**.
Steht das **einleitende Verb im Präsens**, bleiben die Zeiten des ursprünglichen Gespräches unverändert. ②
Steht das **einleitende Verb in der Vergangenheit**, verschieben sich die Zeiten. ③

④ Helen: "I **am** married but I **haven't** any children."
⑤ Helen **answered** (that) **she is** married but **she hasn't** any children.

Handelt es sich um **eine fortbestehende Situation**, entfällt die Zeitverschiebung ⑤.

Verschiebung der Zeiten

direkte Rede	**indirekte Rede**
◆ Vollverben	
simple present	*simple past*
play, plays	*played*
present progressive	*past progressive*
am/is/are playing	*was/were playing*
simple past	*past perfect*
played	*had played*
past progressive	*past perfect progressive*
was/were playing	*had been playing*
present perfect	*past perfect*
have/has played	*had played*
present perfect progressive	*past perfect progressive*
have/has been playing	*had been playing*
past perfect	(keine Änderung)
had played	*had played*
◆ Hilfsverben	
will-future	*would* + Infinitiv
will play	*would play*
am/is/are going to	*was/were going to* + Infinitiv
am/is/are going to play	*was/were going to play*
would	*would have* + Partizip Perfekt (3. Form)
would play	*would have played*
would have	(keine Änderung)
would have played	*would have played*
◆ Modale Hilfsverben	
can	*could*
can play	*could play*
may	*might*
may play	*might play*
must	*had to*
must play	*had to play*
should	*should have* + Partizip Perfekt
should play	*should have played*

Verschiebung der Zeit- und Ortsangaben

Ähnlich wie im Deutschen ändern sich die Zeitangaben und Ortsangaben nur, wenn sie sich bis zum Zeitpunkt der Wiedergabe (indirekten Rede) auch verändert haben.

"I met him today."
She said she had met him today. (am gleichen Tag)
She said she had met him on that day. (Wiedergabe an einem folgenden Tag)

direkte Rede →	indirekte Rede
today	*on that day*
tomorrow	*the next day*
yesterday	*the day before*
the day after tomorrow	*two days later*
the day before yesterday	*two days before*
last week/...	*the week before/...*
next week/...	*the following week/...*
two/... days/... ago	*two/... days/... before*
now	*then, at that moment*
at the moment	*at that moment*
here	*there*
this	*that*
these	*those*

Verschiebung bei Personen

Pronomen müssen ebenfalls oft durch Nomen oder andere Pronomen ersetzt werden, damit der Inhalt verständlich ist.

Tom: "**I** am going home now."
Tom said **he** was going home then.
Helen: "**I** have just telephoned **him**."
Helen said **she** had just telephoned **Ben Snow**.
Helen/Tom: "**We** are playing cards tonight."
Helen and Tom said **they** were playing cards that night.
Helen: "**I**'m doing **it** now, **Tom**."
Helen told **Tom she** was doing **the report** at that moment.

Fragen
Questions

① Helen: "**Where** is Tom?"
Helen asked **where** Tom was.
② Tom: "**How much** did the wine cost?"
Tom wanted to know **how much** the wine had cost.
③ Ben: "**Have you worked** here long, Helen?"
Ben asked Helen **if/whether** she had worked there long.

Bei **indirekten Fragen** unterscheiden wir zwischen Fragen **mit Fragewort** (*how?, what?, where?* usw.) ① ② und Fragen **ohne Fragewort** ③.

Bei Fragen **mit Fragewort** wird das Fragewort einfach übernommen.
Das **Subjekt** steht dann wie bei Aussagen vor dem Verb und das **Fragezeichen entfällt.**

Beachte: Die Tatsache, dass es sich um eine Frage handelt, wird durch das **einleitende Verb** *(asked, wanted to know)* und das **Fragewort** *(where?, how much?)* ausgedrückt.

④ Ann: "**Do you often go** to the cinema, Tom?"
Ann asked Tom **if/whether** he often went to the cinema.

Bei Fragen **ohne Fragewort** benutzen wir *if* bzw. ***whether*** (ob), um zu verdeutlichen, dass es sich um eine Frage handelt. ④
Wie bei Aussagen müssen oft die **Zeitform des Verbs**, **Zeitangaben**, **Ortsangaben** und die **Personen** geändert werden.
(↗ Aussagen S. 82 – 84)

Bitten und Aufforderungen
Requests and orders

① Helen: “Tom, **help** me with the shopping, please.”
Helen **asked** Tom **to help** her with the shopping.
② Tom: “**Deliver** the books tomorrow.”
Tom **told** the shop **to deliver** the books the next day.
③ Ben: “**Don’t forget** to phone the airport, Ann.”
Ben told Ann **not to forget** to phone the airport.

Indirekte Bitten und Aufforderungen werden durch *asked* (bitten) ① bzw. *told* in der Bedeutung von „sagen“ ② ③ eingeleitet.

Beachte: Die Verben *ask* und *tell* haben **immer ein Objekt**, daher **muss** die angesprochene **Person** erwähnt werden.

Das **Verb des Aufforderungssatzes** erscheint als ***to*** **+ Infinitiv** ① ②.
Bei **verneinten Aufforderungen** setzen wir ***not*** unmittelbar vor *to*. ③

Satzarten

Die Satzarten und die Wortstellung im Satz

Sentence types and word order in sentences

Bejahte und verneinte Aussagen

Affirmative and negative statements

Die Wortstellung in bejahten Aussagen

	Subjekt	Prädikat	Objekt	andere Teile
①	*We*	*live*		*in Germany.*
②	*Tom*	*watches*	*the TV news*	*every day.*
③	*Helen*	*has made*	*supper*	*now.*

Die Wortstellung in Aussagen ist **streng festgelegt**:
Subjekt – Prädikat – andere Satzteile ①
Gibt es im Satz ein **Objekt**, steht es unmittelbar und unzertrennlich **nach dem Prädikat**. ② ③

Beachte: Anders als im Deutschen bleibt im Englischen die Wortstellung immer erhalten, auch wenn andere Satzteile vorangestellt werden.
Zum Vergleich:
We visited my brother in London.
Wir haben meinen Bruder in London besucht.
Yesterday we visited my brother in London.
Gestern haben wir meinen Bruder in London besucht.

Die Wortstellung in Aussagen mit zwei Objekten

	Subjekt	Prädikat	Objekte (wem?)	(wen oder was?)	andere Teile
①	*Tom*	*sent*	***me***	***a fax***	*today.*
②	*Helen*	*gave*	***Tom***	***a kiss***	*just now.*

Einige Verben – wie *send*, *give*, *promise* (versprechen) und *present* (überreichen) – haben zwei Objekte, das **indirekte Objekt** (wem?) und das **direkte Objekt** (wen? oder was?). In Sätzen mit zwei Objekten steht das **indirekte** Objekt (wem?) **vor dem direkten Objekt** (wen? oder was?). ① ②

Die Wortstellung in verneinten Aussagen

	Subjekt	Prädikat Hilfsverb + *not/n't*	Vollverb	Objekt	andere Teile
①	*You*	***must not***	***drive***		*so fast here.*
②	*We*	***haven't***	***seen***	*this film*	*before.*
③	*I*	***don't***	***like***	*fish.*	
④	*Helen*	***doesn't***	***visit***	*me*	*very often.*
⑤	*They*	***didn't***	***have***	*a holiday*	*last year.*

Wollen wir eine Aussage verneinen, stellen wir ***not*** **unmittelbar hinter das Hilfsverb**. ①

Beachte: In der gesprochenen Sprache hängen wir die **Kurzform von *not* – *n't*** – direkt an das Hilfsverb. ②

Kommt **kein Hilfsverb** vor, benutzen wir als Ersatz *(substitute)* die Verneinung von *do*:
do not/don't ③,
does not/doesn't ④,
did not/didn't ⑤.

Bejahte und verneinte Aufforderungen
Affirmative and negative commands

① **Drive carefully**. The roads are wet.
② **Sit down**, please, Mr Snow.
③ **Do not forget** to bring your books tomorrow.
④ **Don't be** angry, Tom.
⑤ I know. **Let's go** to the cinema tonight.
⑥ **Let's not invite** that awful Harry to our party.

Bejahte Aufforderungen haben dieselbe Form wie der **Infinitiv** (ohne *to*) ① ②. Diese Form von Aufforderungen heißt in der Grammatik auch „Imperativ".
Verneinte Aufforderungen bilden wir mit ***do not/don't*** + **Infinitiv** (ohne *to*). ③ ④

Beachte: Verneinte Aufforderungen mit *do not* wirken formell und streng. Daher benutzen wir normalerweise die **Kurzform** *don't*.

Möchten wir einen **Vorschlag** in Form einer Aufforderung machen, benutzen wir ***let's*** + **Infinitiv** (ohne *to*) ⑤ bzw. ***let's not*** + **Infinitiv** (ohne *to*) ⑥.

Beachte: Normalerweise verwenden wir im Englischen **kein Ausrufezeichen** *(exclamation mark)* nach Aufforderungssätzen:
Beeil dich! Und sei nicht so griesgrämig!
Hurry up. And don't be so bad-tempered.

Entscheidungsfragen

Yes/No-questions with short answers

① **Is** this your car, madam?
② **Have** you read this book?
③ **Can** you speak German, Ben?

④ **Do** you know Ben's wife?
⑤ **Does** Helen work in London?
⑥ **Did** you see the film on TV yesterday?

Diese Fragen sind alle **Entscheidungsfragen**, die eine Antwort mit *Yes* bzw. *No* erwarten. Anders als im Deutschen können wir im Englischen solche Fragen **nur mit einem Hilfsverb** bilden.
Ist ein Hilfsverb schon vorhanden, benutzen wir es, um die Frage zu bilden: *is* ①, *have* ②, *can* ③.
Gibt es kein Hilfsverb im Satz, dann müssen wir ***do*** (Präsens), ***does*** (3. Person Singular Präsens) oder ***did*** (Vergangenheit) benutzen. ④ ⑤ ⑥

Beachte: Im Englischen benutzen wir ***be*** immer so, als ob es ein Hilfsverb wäre, sogar dann, wenn kein anderes Vollverb im Satz vorhanden ist. ①

***Are** they all at home, dear?*

Kurzantworten
Short answers

① **Can** you ride a bike?	Yes, I **can**. No, I **can't**.
② **Are** Ann and Ben on holiday?	Yes, they **are**. No, they **aren't**.
③ **Have** you seen Helen?	Yes, I **have**. No, I **haven't**.
④ **Do** you like dogs?	Yes, I **do**. No, I **don't**.
⑤ **Does** Helen work in London?	Yes, she **does**. No, she **doesn't**.
⑥ **Did** you watch TV last night?	Yes, I **did**. No, I **didn't**.

Da eine einfache *Yes/No-answer* etwas schroff wirken kann, benutzen wir im Englischen **Kurzantworten**, um eine Antwort auf eine Entscheidungsfrage **freundlicher** klingen zu lassen.
Die Form von Kurzantworten wird durch den **Hauptsatz** bestimmt. Das dort vorhandene **Hilfsverb** wird nochmals benutzt, um die Kurzantwort zu bilden.
Das **Subjekt** des Fragesatzes tritt in Form eines **Personalpronomens** auch als Subjekt der Kurzantwort auf. ① - ⑥

⑦ **Is there** a car park near here?	Yes, **there is.** No, **there isn't.**

Ist die Frage mit *Is/Are there* (= Gibt es?) eingeleitet, bilden wir die Kurzantwort ebenfalls mit *there*. ⑦

Fragen mit Fragewörtern

Questions with question words

① **How do you turn** on the TV?
② **When do we have** Biology today?
③ **Where can I buy** some stamps?
④ **Why is he hitting** the dog again?

Fragen mit einleitendem Fragewort bilden wir genau wie andere Fragen (↗ Entscheidungsfragen S. 90). Das Fragewort wird dabei vorangestellt. ①-④
Bei **Fragen mit *what?* und *who?*** verfahren wir anders. Ist *what?* bzw. *who?* das **Subjekt** des Satzes, dann benötigen wir **kein Hilfsverb**, um Fragen zu bilden:
What happened *when you opened the box?*
Who teaches *you English?*

Ist aber das Fragewort das **Objekt** des Satzes, dann bilden wir Fragen **mit einem Hilfsverb**, also wie gewöhnlich:
What ***does*** *this word mean in English?*
Who ***do*** *you like best, Tom or Ben?*

Weitere Hinweise zum Gebrauch von *what?, which?, who?*

More information about the use of what?, which?, who?

① **What** are your hobbies?
② **Which** do you like best, football or basketball?
③ **Who** were you talking to on the phone?
④ **Who** do you think will win the race, Jane or Maureen?

Mit ***what*** fragen wir nach Dingen aus einer **unbeschränkten Zahl** ① und mit ***which*** nach Dingen aus einer **beschränkten Zahl** ② .
Mit ***who*** fragen wir nach **Personen** aus einer unbeschränkten ③ sowie einer beschränkten ④ Zahl.

Beachte: Vor *of*-**Fügungen** steht ***which*** für Personen und für Dinge:

Which of the boys *saw the accident?*
Which of the CDs *do you like best?*

Frageanhängsel
Question tags

① Cardiff **is** in Wales, **isn't** it?
② You **can** swim, **can't** you?
③ Tom **wasn't** in his office, **was** he?
④ You **haven't** always lived here, **have** you?
⑤ You **don't** know Ben's wife Ann, **do** you?
⑥ They **didn't** come to the party, **did** they?
⑦ The Japanese **drive** on the left, **don't** they?
⑧ Helen **went** home early yesterday, **didn't** she?

Die englischen *question tags* wie *isn't it?* ①, *can't you?* ② und *was he?* ③ entsprechen den deutschen Frageanhängseln „nicht?"/„nicht wahr?", „oder?"/„oder nicht?" usw.

Gibt es ein **Hilfsverb** im Satz, benutzen wir dieses, um das *question tag* zu bilden. ① – ⑥
Falls **kein Hilfsverb** vorhanden ist, verwenden wir ***do/does/did***, genau wie bei der Fragebildung (↗ Entscheidungsfragen S. 90). ⑦ ⑧

Ist das **Verb im Hauptsatz bejaht** (+), dann ist das ***question tag*** **verneint** (-) und umgekehrt.

	+		-
Cardiff	***is***	*in Wales,*	***isn't*** *it?*
	-		+
Tom	***wasn't***	*in his office,*	***was*** *he?*

Übersichten

Präpositionen

Prepositions

Wichtige Merkmale

Important features

① The child ran **onto** the road.
② I start work **at** 6 o'clock **in** the morning.
③ Sally Webb lives **in** York.
④ The dog jumped **over** the wall **into** the garden.
⑤ Can you translate this letter **into** French **for** me?
⑥ Are you looking forward **to** going to Holland?

Wir benutzen Präpositionen, um eine **Beziehung** auszudrücken. In Beispiel ① oben stellt die Präposition *onto* die Beziehung zwischen dem Kind *(the child)* und der Straße *(the road)* dar.
Normalerweise stehen Präpositionen **unmittelbar vor** einem Nomen, einem Pronomen oder einer *-ing*-Form (Gerundium).
(↗ Die *-ing*-Form [Gerundium] nach Präpositionen S. 70;
↗ Relativsätze mit Präpositionen S. 80)
Wir kennen die folgenden vier Gruppen von Präpositionen: Präpositionen der **Zeit** ②, des **Ortes** ① ③, der **Bewegung bzw. Richtung** ④ und der **sonstigen Beziehung** ⑤ ⑥.
Der **Gebrauch von Präpositionen** ist extrem idiomatisch und kann eigentlich nicht in Form von allgemeinen „Regeln" zusammengefasst werden.
Daher kann man nicht oft genug sagen: **Lerne Präpositionen immer als Teil einer Redewendung**.

Präpositionale Wendungen
Prepositional phrases

Beachte die folgenden englischen Wendungen, die vom deutschen Gebrauch manchmal stark abweichen. Sie sind daher besonders „fehlerträchtig“.

Präpositionen der Zeit
Prepositions of time

at Christmas	zu Weihnachten
at 40 (years of age)	mit 40
at 6 o'clock	um 6 Uhr
at mealtimes	bei Mahlzeiten
at lunch time	in der Mittagszeit
at breakfast/...	beim Frühstück/...
at the/this/that time	zu der/dieser/jener Zeit
at all times	jederzeit
at night	bei Nacht
at the weekend/at weekends	am Wochenende
at the moment	im Moment
at once	sofort
at one time	früher
at present	zur Zeit, jetzt
at the time	zu der Zeit
at times	gelegentlich
in time	rechtzeitig
in the morning/evening/...	am Morgen/Abend/...
in a minute/moment	gleich
in no time	sekundenschnell
on time	planmäßig
on the hour	zur vollen Stunde

Beachte: ***last*** und ***next*** werden **ohne Präposition** benutzt:
*I saw Jane **last Friday**.*
Am letzten Freitag sah ich Jane.
*We are going to Austria **next winter**.*
Im nächsten Winter fahren wir nach Österreich.

Präpositionen des Ortes
Prepositions of place

at the station	am Bahnhof
at the baker's	beim Bäcker
at the chemist's	in der Apotheke
at the supermarket	im Supermarkt
at my parents' (home)	bei meinen Eltern
at 20 Church Street	in der Church Street 20
at work	bei der Arbeit
at the seaside	am Meer
at a meeting	bei einer Sitzung
at a concert	in einem Konzert
at Jill's party	auf Jills Party
at the table	am Tisch
at hand	zur Hand
in the street	auf der Straße
in the sky	am Himmel
in the country	auf dem Land
in the picture/photo	auf dem Bild/Foto
in the world	auf der Welt
in depth	in allen Einzelheiten
on the road	auf der Straße
on the board	an der Tafel
on board	an Bord
on the wall	an der Wand
on the beach	am Strand
on the coast	an der Küste
on the Rhine	am Rhein
on the bus/plane/...	im Bus/Flugzeug/...
on the first/... floor	im ersten/... Stock
on the way to	unterwegs nach
on the left/right	links/rechts
on business	geschäftlich unterwegs
on display	ausgestellt (im Schaufenster o. ä.)
on hand	verfügbar

Sonstige Präpositionen
Other prepositions

at £3.75	für £3.75
at last	endlich
at least	mindestens
not at all	überhaupt nicht
at any rate	zumindest
at first sight	auf den ersten Blick
at pains	sehr bemüht
in your own words	mit eigenen Worten
in a loud/quiet voice	mit lauter/leiser Stimme
in my opinion/view	meiner Meinung nach
in love with	verliebt in
in German	auf Deutsch
in the end	schließlich
in addition to	zusätzlich zu
in any case	auf jeden Fall
in brief	kurz gesagt
in comparison	im Vergleich
in conclusion	zum Schluss
in a hurry	in Eile
in different/various ways	auf verschiedene Weise
in biro	mit dem Kugelschreiber
on the radio	im Radio
on TV	im Fernsehen
on the phone	am Telefon
on holiday/vacation	im Urlaub
on foot	zu Fuß
on horseback	zu Pferd
on occasion	gelegentlich
by bike/bus/...	mit dem Rad/Bus/...
by Mozart/Bach/...	von Mozart/Bach/...

Verben mit Adverbien oder Präpositionen

Phrasal verbs and prepositional verbs

Viele Verben werden mit bestimmten Adverbien oder Präpositionen benutzt. Verben, die mit **Adverbien** verbunden werden, nennen wir ***phrasal verbs***. Verben, die wir mit **Präpositionen** anwenden, heißen ***prepositional verbs***.
Vorausgesetzt, dass man sich solche Verbindungen **als Ganzes** merkt, ist aber diese eher technische Unterscheidung selten von Bedeutung.

Geläufige *phrasal verbs*

Common phrasal verbs

Oft ist es nicht möglich, die Bedeutung eines ***phrasal verb*** von den einzelnen Wörtern her zu erschließen. Deshalb ist es wichtig, ***phrasal verbs*** als Ganzes auswendig zu lernen.

My car **broke down** on the way home. (eine Panne haben)
The referee **broke off** the match because of rain. (abbrechen)
Why should women **bring up** children alone? (erziehen)
Why don't you **call in** when you're in London? (vorbeischauen)
Stop shouting. **Calm down** and we'll talk about it. (sich beruhigen)
The doctors **carried out** a lot of tests. (durchführen)
Please **clear away** your things now. (wegräumen)
Hello, Mr Snow: **Come in**, please. (hereinkommen)
Old Annie **fell down/over** and hurt her knee. (hin-/umfallen)
Can you **fill in/out** this form, please? (ausfüllen)
Did you **find out** anything about the accident? (herausfinden)
Get in/on the bus in Church Road. (einsteigen)

Don't **get off/out of** the tain before it stops. (aussteigen)
Get on with it! I don't have all day! (fortfahren)
Do you always **get up** at 6? (aufstehen)
Annie **gave away** all her money to a cats' home. (verschenken)
When there's a fight, Bonzo never **gives in**. (nachgeben)
You should **give up** smoking. (aufgeben)
Go on. What happened then? (weitermachen)
Is Mary really **going out** with that horrible man? (ausgehen)
Did your mother **grow up** in Hamburg? (aufwachsen)
I asked him to stop talking be he just **kept on**. (weitermachen)
Don't **leave out** any questions. Answer them all. (auslassen)
Why should I always **look after** the dog? (sich kümmern um)
Have you seen Bob? I've **looked for** him everywhere. (suchen)
We're really **looking forward to** our holiday. (sich freuen auf)
Look out! The lights are red! (aufpassen)
Look up the words in your dictionary. (nachschlagen)
Please **pick** me **up** at the station. (abholen)
You can **put away** your books now. (wegräumen)
Put on a pullover. It's cold outside. (anziehen)
We must **set off/out** early tomorrow. (aufbrechen)
Speak up! I can't hear you. (lauter sprechen)
Everybody **stood up** when the queen came in. (aufstehen)
We **stayed up** until 3 am yesterday. (aufbleiben)
Take off your coat and **sit down**. (Kleidung ausziehen)
The plane **takes off** at 10:30 pm. (starten)
Always **try on** shoes before buying them. (anprobieren)
Turn down the TV, please. I'm on the phone. (leiser stellen)

You **turn off** the computer here, okay? (ausschalten)
Turn over the page for the answers. (umblättern)
Turn up the radio, please. I want to hear the news. (lauter stellen)
Keep quiet. You'll **wake up** the baby. (aufwecken)
I didn't **wake up** until 10 on Sunday. (aufwachen)
Mum was **washing up** when I got home. (spülen)
Can you **work out** what this means? (ausmachen, herausfinden)
Jane can **work out** 234.89 × 6.7 in her head. (ausrechnen)

Geläufige *prepositional verbs*

Common prepositional verbs

We **arrived at** the station late. (ankommen)
The old man **asked** us **for** some money. (bitten um)
The cat **belongs to** our neighbour. (gehören)
Tom **borrowed** that CD **from** my brother. (ausleihen von)
Don't **dream about** becoming a pop star. Get a job. (träumen von)
Do you **know about** the accident? (wissen von)
You shouldn't **laugh at** other people. (auslachen)
Jane **lent** this book **to** me. (leihen)
We **listened to** music all evening. (zuhören)
Look at that notice. It says 'Danger'. (anschauen)
I **read about** the match in the paper. (lesen über)
I'll **wait for** you at the station. (warten auf)
Sarah Hall often **writes about** children. (schreiben über)
I must **write to** my grandmother today. (schreiben an)

Die Uhrzeit

The time

- Im englischsprachigen Raum zählen wir die **Stunden von 1 bis 12** (nicht bis 24).

  Für Zeiten **von Mitternacht bis 12 Uhr mittags** benutzen wir die Abkürzung ***am*** bzw. ***a.m.*** (= *ante meridiem*, lateinisch „vormittags“).

  Für Zeiten **zwischen 12 Uhr mittags und Mitternacht** benutzen wir ***pm*** bzw. ***p.m.*** (= *post meridiem*, lateinisch „nachmittags“).

- Häufig benutzen wir **bei vollen Stunden *o'clock*** (= *“of the clock”*). Dann entfällt *am/pm*: *It's six o'clock* bzw. *It's six pm.*

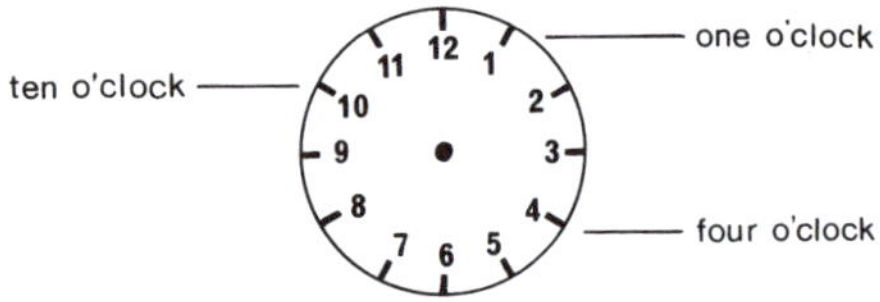

- Bei der Nennung der Uhrzeit benutzen wir ***past*** (= *past the hour:* „nach der vollen Stunde“) für die **rechte Hälfte des Zifferblatts** und ***to*** (= before the hour: „vor der vollen Stunde“) für **die linke Hälfte**.

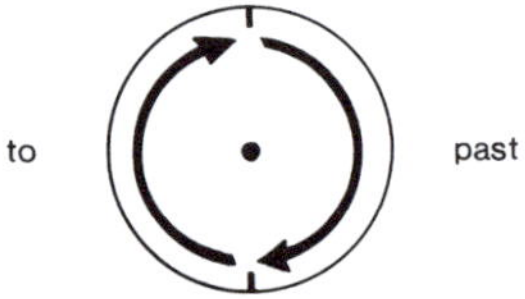

- Die **viertelstündigen Schritte** werden mit ***(a) quarter past, half past*** und ***(a) quarter to*** ausgedrückt, z. B. *(a) quarter past three, half past ten, (a) quarter to eleven.*

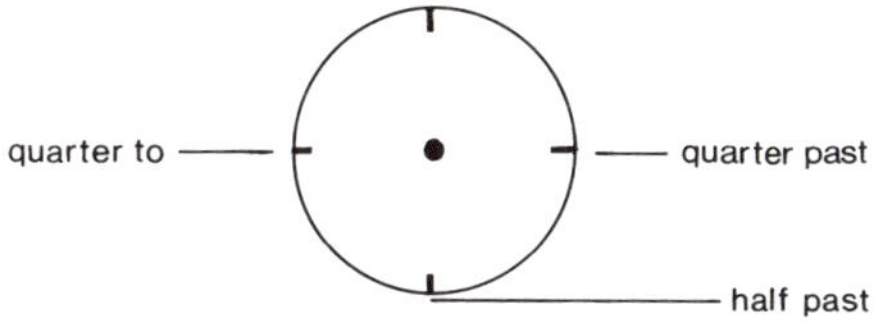

Die **fünfminütigen Schritte** werden heutzutage meist ohne das Wort *minutes* ausgedrückt, also *ten past three*, *twenty-five past seven*, *twenty to ten*, *five to eleven*.

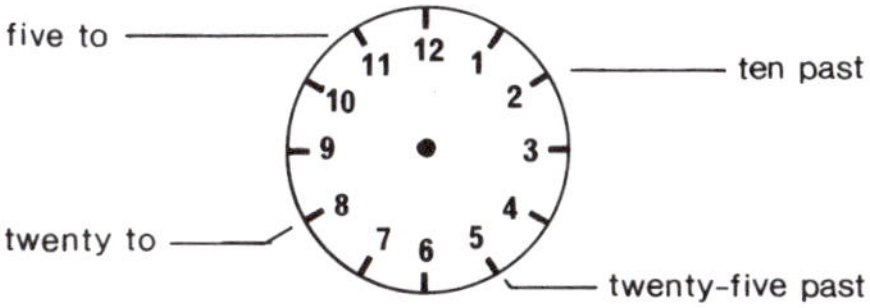

Bei **einminütigen Zeiten** müssen wir das Wort ***minutes*** hinzufügen, also *seven minutes past five*, *eighteen minutes to nine*.

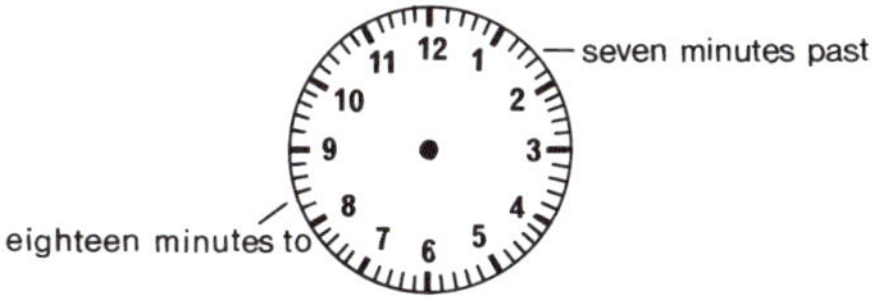

Beachte: Gerade heute wird die Zeit zunehmend in **reinen Zahlen** angegeben. Dies ist besonders bei **Ansagen** der Fall, z. B.:

*The next train leaves at **two fifteen**.*
*The concert begins at **seven thirty**.*

Das Datum

Dates

① "It's the sixth of June today."
② "We got married on April the twenty-second."
③ Thank you for your letter of 24 November.

In der **gesprochenen Sprache** benutzen wir **Ordinalzahlen** (z.B. „erste", „zweite") entweder in der Reihenfolge Tag – Monat ① oder andersherum ②.
In der modernen **Schriftsprache** dagegen benutzen wir **Kardinalzahlen** (z. B. „eins", „zwei") **ohne Punkt**. ③

Beachte: Wir unterscheiden zwischen der **Schreibweise** und der **Aussprache** von Daten:

Wir schreiben:	**Wir sagen:**
on 6 June	*on **the** sixth **of** June*
on 6th June	*on **the** sixth **of** June*
on June 6th	*on June **the** sixth*

Beachte: Sei vorsichtig beim Gebrauch von Daten, die nur aus Zahlen bestehen, wie z.B. **5. 9. 97**. In Europa bedeutet diese Angabe: **5. September 1997**. Aber in den USA und in der pazifischen Region, einschließlich Japan, bedeutet sie: **9. Mai 1997**. Der Grund dafür ist, dass im amerikanischen Englisch der Monat **vor** dem Tag steht.

Unregelmäßige Verben

Irregular verbs

Infinitiv *infinitive*	Imperfekt (2. Form) *simple past*	Partizip Perfekt (3. Form) *past participle*	
be	was/were	been	sein
beat	beat	beaten	schlagen, besiegen
become	became	become	werden
begin	began	begun	anfangen
blow	blew	blown	blasen, wehen
break	broke	broken	(zer)brechen
bring	brought	brought	bringen
build	built	built	bauen
buy	bought	bought	kaufen
catch	caught	caught	fangen
choose	chose	chosen	(aus)wählen, aussuchen
come	came	come	kommen
cost	cost	cost	kosten
cut	cut	cut	schneiden
do	did	done	tun, machen, erledigen
draw	drew	drawn	zeichnen
dream	dreamt	dreamt	träumen
drink	drank	drunk	trinken, saufen
drive	drove	driven	fahren, (an)treiben
eat	ate	eaten	essen, fressen
fall	fell	fallen	(hin)fallen
feed	fed	fed	füttern
feel	felt	felt	sich fühlen
fight	fought	fought	(be)kämpfen
find	found	found	finden
fly	flew	flown	fliegen
forget	forgot	forgotten	vergessen
freeze	froze	frozen	(ge)frieren
get	got	got	bekommen, erhalten

give	gave	given	geben, schenken
go	went	gone	gehen
grow	grew	grown	wachsen, zunehmen
hang	hung	hung	(auf)hängen
have	had	had	haben, besitzen
hear	heard	heard	hören
hide	hid	hidden	verstecken
hit	hit	hit	schlagen, aufprallen
hold	held	held	(fest)halten
hurt	hurt	hurt	verletzen
keep	kept	kept	behalten, immer wieder tun
know	knew	known	kennen, wissen
lay	laid	laid	(ver)legen, hinstellen
lead	led	led	führen, leiten
lean	leant	leant	(sich) lehnen, stützen, neigen
learn	learnt	learnt	lernen, aneignen
leave	left	left	verlassen
lend	lent	lent	(ver-, aus)leihen
let	let	let	lassen
lie	lay	lain	liegen
light	lit	lit	anzünden
lose	lost	lost	verlieren
make	made	made	machen
mean	meant	meant	bedeuten
meet	met	met	sich treffen
misunder-stand	misunder-stood	misunder-stood	missverstehen
pay	paid	paid	(be)zahlen
put	put	put	setzen, stellen, legen
read	read	read	(ab)lesen
ride	rode	ridden	reiten, Rad fahren

ring	rang	rung	läuten, klingeln, anrufen
rise	rose	risen	steigen, zunehmen
run	ran	run	laufen, rennen
say	said	said	sagen
see	saw	seen	sehen, verstehen
sell	sold	sold	verkaufen
send	sent	sent	senden, schicken
shake	shook	shaken	schütteln
shoot	shot	shot	(er)schießen
show	showed	shown	zeigen
shut	shut	shut	schließen, zumachen
sing	sang	sung	singen
sit	sat	sat	sitzen
sleep	slept	slept	schlafen
smell	smelt	smelt	riechen, duften
speak	spoke	spoken	sprechen
spend	spent	spent	ausgeben, verbringen
stand	stood	stood	stehen
steal	stole	stolen	stehlen
strike	struck	struck	schlagen
swim	swam	swum	schwimmen
take	took	taken	nehmen
teach	taught	taught	unterrichten, lehren
tear	tore	torn	(zer)reißen
tell	told	told	erzählen, mitteilen, sagen
think	thought	thought	denken, meinen
throw	threw	thrown	werfen
understand	understood	understood	verstehen
wake	woke	woken	wecken
wear	wore	worn	tragen, anhaben
win	won	won	gewinnen
write	wrote	written	schreiben

Englische Wendungen

English idioms

bark up the wrong tree – auf dem Holzweg sein
be a flash in the pan – ein Strohfeuer sein
be against the odds – unwahrscheinlich sein
be all the rage – der letzte Schrei sein
be a pain in the neck/arse – jmd. auf die Nerven gehen
be a sight for sore eyes – eine Augenweide sein
be between a rock and a hard place – in einer Zwickmühle sein
be dead beat – erschöpft sein
be fed up with sb./sth. – von etwas/jmd. die Nase voll haben
be hand in glove with sb. – mit jmd. unter einer Decke stecken
be left holding the baby – mit der Verantwortung allein gelassen sein
be off the record – nicht für die Öffentlichkeit sein
be on the make – sich die eigenen Taschen füllen
be on the rocks – am Ende sein
be on the safe side – ganz sicher gehen
be on the waggon – das Alkoholtrinken aufgegeben haben
be out of one's depth – überfordert sein
be right up one's street – genau nach dem Geschmack von jmd. sein
be sitting pretty – gut dran sein
be too big for one's boots – größenwahnsinnig sein
be unable to get a word in edgeways/edgewise – überhaupt nicht zu Wort kommen
be upfront with sb. – mit jmd. offen und ehrlich sein
be up the creek without a paddle – in der Klemme sein
bite off more than one can chew – sich zuviel zumuten
catch sb. doing sth. red-handed – jmd. auf frischer Tat erwischen
come in handy for sth. – für etwas nützlich sein
come to the point – zur Sache kommen
cut down on sth. – etwas einschränken
do sb. a good turn – jmd. einen Gefallen tun
do sth. for kicks – etwas aus Vergnügen tun
do sth. just for laughs – etwas zum Spaß machen

eat *one's words* – eine Äußerung kleinlaut zurücknehmen
fall *into line with sb./sth.* – mit etwas/jmd. einverstanden sein
find sth. out by trial and error – etwas durch Versuch und Irrtum herausfinden
fly off the handle – ausrasten
get *a piece/slice of the action* – am geschäftlichen Erfolg teilnehmen
get away with sth. – ungestraft davonkommen
get (hold of) the wrong end of the stick – etwas völlig falsch verstehen
get one's act together – etwas besser regeln/„gebacken kriegen"
get on sb.'s nerves – jmd. auf die Nerven gehen
get real – realistisch werden
get up sb.'s/one's nose – jmd. auf die Nerven gehen
give a straight answer – eine klare Antwort geben
give sb. a hand to do sth. – jmd. helfen, etwas zu tun
give sb. a piece of one's mind – jmd. ungeschminkt sagen, was man meint
go off the deep end – aus der Haut fahren
go incandescent/spare – völlig ausrasten
go to the dogs – vor die Hunde gehen
have *a bee in one's bonnet* – einen Tick haben
have a chip on one's shoulder – sich unfair behandelt/benachteiligt fühlen
have a close shave – einer Gefahr knapp entkommen
have a soft spot for sb. – eine Schwäche für jmd. haben
have egg on one's face – wie ein Depp da stehen
have green fingers – grüne Hand/grünen Daumen haben
have one's back against the wall – in die Enge getrieben sein
have one's feet on the ground – eine handfeste Natur haben
have sb. over a barrel – jmd. in der Zange haben
have the gift of the gab – sehr redegewandt sein
hit it off with sb. – sich mit jmd. gut verstehen
hit the ceiling/roof – ausrasten
keep *an eye on sb./sth.* – ein Auge auf jmd./etwas haben
keep a straight face – ein ausdrucksloses Gesicht halten

keep one's fingers crossed – den Daumen drücken
keep one's hair on – ruhig bleiben
kick up a fuss – sich lauthals beschweren
***leave** sb. in the lurch* – jmd. im Stich lassen
let the cat out of the bag – etwas preisgeben
***make** a go of sth.* – etwas erfolgreich tun
make tracks – sich auf die Socken machen
***pick** a fight/quarrel with sb.* – Streit mit jmd. anfangen
pick sb.'s brains – jmd. zum eigenen Vorteil ausfragen
play it safe – sichergehen
play sth. down – etwas verharmlosen
poke fun at sb./sth. – sich über jmd./etwas lustig machen
pour oil on troubled water – die Wogen glätten
pull sb.'s leg – jmd. auf den Arm nehmen
pull strings – etwas durch Beziehungen erreichen
pull the wool over sb.'s eyes – jmd. hinters Licht führen
put all one's eggs in one basket – alles auf eine Karte setzen
put the cart before the horse – eine Sache falsch herum betrachten
put the cat among the pigeons – für Unruhe sorgen
put sb.'s back up – jmdn. verärgern
put sb.'s on the spot – jmd. in Verlegenheit bringen
***screw** sth. up* – etwas vermasseln
see eye to eye with sb. – mit jmd. einverstanden sein
sell like hot cakes – wie warme Semmeln weggehen
sth. serves sb. right – etwas geschieht jmd. recht
smell a rat – Verdacht schöpfen
***try** to keep up with the Joneses* – mit jmd. finanziell Schritt halten
turn a blind eye to sth. – etwas bewusst ignorieren
not turn a hair – nicht mit der Wimper zucken
turn sb./sth.down – jmd./etwas ablehnen
***wash** one's hands of sb./sth.* – mit jmd./etwas nichts mehr zu tun haben wollen

Falsche Freunde

False friends

Als „falsche Freunde" bezeichnet man jene englischen Wörter, die deutschen Wörtern sehr ähneln, aber etwas ganz anderes bedeuten. Es ist doch so verlockend, „brav" mit *brave* und „Chef" mit *chef* zu übersetzen. Es ist aber leider falsch und für den Englischsprachigen zudem völlig unverständlich. *False friends* sind ein tückischer Stolperstein, gegen den wir oft stoßen – oft auch noch ohne es zu merken.
In den folgenden Einträgen steht zuerst das deutsche Ausgangswort mit einem Beispielsatz und seiner Übersetzung mit dem **richtigen englischen Begriff**. Dann folgt ein Satz, in dem der **falsche Freund** verwendet wird.

Akademiker/in Alle Ärzte sind **Akademiker**. *All doctors are **graduates.***
Academics *teach and do research at universities.* **Gelehrte** lehren und forschen an Hochschulen.

aktuell Arbeitslosigkeit ist das wichtigste **aktuelle** Thema. *Unemployment is the most important **current** topic.*
*He **actually** said the precise opposite.* **Tatsächlich** sagte er das genaue Gegenteil.

bekommen Heute habe ich über 20 E-Mails **bekommen**. *I **got/received** over 20 e-mails today.*
*Our boss always **becomes** angry if you question his decisions.* Unser Chef **wird** immer ärgerlich, wenn man seine Entscheidungen in Frage stellt.

sich **blamieren** Die Mannschaft **hat sich blamiert**. *The team **made a fool of itself**.* England hatte sich keineswegs blamiert im Verlauf dieser Meisterschaft. *England had in no way **disgraced themselves** during this Championship.*
*The trainer **blamed** the referee.* Der Trainer **gab** dem Schiedsrichter **die Schuld**.

brav Mein Hund ist sehr **brav**. *My dog is very* ***good****.* Brave Frauen schreiben selten Geschichte. ***Well-behaved*** *Women rarely make history.*
Are you ***brave*** *enough to demand better pay?* Bist du **mutig** genug, eine bessere Bezahlung zu verlangen?

Chef Mein **Chef** ist häufig geschäftlich verreist. *My* ***boss*** *is often away on business.*
The ***chef*** *here has won a lot of prizes.* Der **Koch** hier hat viele Preise gewonnen.

desinteressiert Im Moment ist Markus völlig **desinteressiert**. *At the moment, Markus is completely* ***uninterested****.*
Sport commentators should be ***disinterested/impartial*** *observers.* Sportkommentatoren sollten **unparteiische** Beobachter sein.

dezent Kannst du nicht **dezentere** Kleidung tragen? *Can't you wear* ***quieter/more restrained*** *clothes?*
John is a thoroughly ***decent*** *man.* John ist ein durch und durch **anständiger** Mann.

eventuell **Eventuell** sehen wir uns am Wochenende. ***Possibly*** *we'll see each other at the weekend.*
The plane ***eventually*** *took off.* **Schließlich** hob das Flugzeug ab.

irritieren Lass dich nicht durch sein merkwürdiges Benehmen **irritieren**. *Don't be* ***confused/put off*** *by his strange behaviour.*
Ben ***irritated*** *Ann a lot with his endless phone calls.* Ben hat Ann mit seinen endlosen Telefonanrufen sehr **verärgert**.

komfortabel Das neue Betriebssystem ist äußerst **komfortabel**. *The new operating system is extremely* ***convenient****.*
Is that hard chair ***comfortable*** *enough?* Ist der harte Stuhl **bequem** genug?

konsequent Bei der Hundedressur muss man absolut **konsequent** sein. ***You must be absolutely consistent when training dogs.***
Consequently*, I have no other choice.* **Folglich** habe ich keine andere Wahl.

Kritik Die **Kritik/Besprechung** des Stückes war vernichtend. *The **review** of the play was devestating*. Ein Großteil der **Kritik** richtete sich gegen den Schauspieler. *Much of **the criticism was** directed at the actor.*
*The **critics** were merciless*. Die **Kritiker** waren gnadenlos.

meinen Was **meinst** du dazu? *What do you **think** about it?*
*What does 'to evade' **mean** in German?* Was **bedeutet** *to evade* auf Deutsch?

Meinung Meiner **Meinung** nach liegst du völlig falsch. *In my **opinion** you're completely wrong.*
*The real **meaning** of the decision is still unclear.* Die wahre **Bedeutung** der Entscheidung ist noch unklar.

miserabel Dieses Essen ist absolut **miserabel**. *This meal is absolutely **awful**.*
*Mozart died a **miserable** death*. Mozart starb einen **elenden** Tod.

Notiz Bei Verkaufsgesprächen sollte man sich immer **Notizen machen**. *You should always **take notes** at sales meetings.*
*The **notice** says the shop is closed*. Auf dem **Aushang** steht, dass das Geschäft geschlossen ist.

Rente Viele junge Leute sparen nichts für ihre **Rente**. *A lot of young people save nothing for their **pension**.*
*They haven't paid their **rent** for months*. Sie haben seit Monaten ihre **Miete** nicht bezahlt.

Rezept Der Arzt gab mir ein **Rezept** gegen Schlaflosigkeit. *The doctor gave me a **prescription** for insomnia.*
*Have you tried this Italian **recipe** yet?* Hast du dieses italienische **Rezept** schon ausprobiert?

selbstbewusst Selbstbewusste Menschen vertrauen auf ihre Fähigkeiten. ***Self-confident** people trust their own abilities.*
*I was always so **self-conscious** about my spots*. Ich war immer so gehemmt wegen meiner Pickel.

sensibel Bei solchen Sachen kann Beate sehr **sensibel** sein. *Beate can be very* ***sensitive*** *about such things.*
The only ***sensible*** *thing to do with a chain letter is to delete it.* Die einzig vernünftigeVerfahrensweise mit einem Kettenbrief ist, ihn zu löschen.
These are sensible clothes for climbing. Das ist vernünftige Kleidung zum Bergsteigen.

seriös Einige Verkäufer sind nicht ganz **seriös**. *Some salesmen are not quite* ***trustworthy/reputable****.*
Is terrorism really a ***serious*** *danger?* Ist der Terrorismus wirklich eine **ernste** Gefahr?

spenden Er **spendet** viel Geld für wohltätige Zwecke. *He* ***donates/gives*** *a lot of money to charity.*
Ben shouldn't ***spend*** *so much money on cars.* Ben sollte nicht so viel Geld für Autos **ausgeben**.

sympathisch, **Sympathie** Lisa ist eine sehr **sympathische** Frau. *Lisa is a very* ***pleasant/likeable*** *woman.*
Doctors show little ***sympathy*** *for smokers.* Ärzte zeigen wenig **Mitgefühl** für Raucher.

übersehen Der Autofahrer hat den Fahrradfahrer völlig **übersehen**. *The car driver completely* ***overlooked*** *the cyclist.*
Two security men ***oversee*** *the car park at night.* Nachts **überwachen** zwei Sicherheitsmänner den Parkplatz.

Unternehmer/in Ohne **Unternehmer** gäbe es viel weniger Arbeitsplätze. *Without* ***entrepreneurs*** *there would be many less jobs.*
Undertakers *are people who arrange funerals.* **Leichenbestatter** sind Menschen, die Beerdigungen arrangieren.

will Ben sagt, dass er heiraten **will**. *Ben says that he* ***wants*** *to get married.*
Will *we see each other at the football ground?* **Werden** wir uns am Fußballplatz sehen?

Stichwortverzeichnis